建校百年·哈工大人系列丛书

Harbin Institute of Technology

哈工大人在天津

哈工大天津校友会　编

哈尔滨工业大学出版社

图书在版编目(CIP)数据

哈工大人在天津 / 哈工大天津校友会编. —哈尔滨:哈尔滨工业大学出版社,2020.8

ISBN 978-7-5603-8797-0

Ⅰ.①哈… Ⅱ.①哈… Ⅲ.①哈尔滨工业大学 – 校友 – 生平事迹 Ⅳ.①K820.7

中国版本图书馆CIP数据核字(2020)第071239号

哈工大人在天津

HAGONGDA REN ZAI TIANJIN

策划编辑	李艳文　范业婷
责任编辑	王晓丹　付中英
装帧设计	屈　佳
出版发行	哈尔滨工业大学出版社
社　　址	哈尔滨市南岗区复华四道街10号　邮编150006
传　　真	0451-86414749
网　　址	http://hitpress.hit.edu.cn
印　　刷	辽宁新华印务有限公司
开　　本	787mm×1092mm　1/16　印张21.5　字数286千字
版　　次	2020年8月第1版　2020年8月第1次印刷
书　　号	ISBN 978-7-5603-8797-0
定　　价	100.00元

(如因印刷质量问题影响阅读,我社负责调换)

编 委 会

顾　　问	杨士勤	景　瑞	孙和义	强文义	
主　　编	郑　炜				
副 主 编	刘保良	李俊峰	刘　岩	童志祥	魏　强
编　　者	冯雪飞	马方廷	李震平	王存贵	陈建萍	刘树东
	房丰洲	马东起	王念举	冯宏伟	刘振刚	鲁英男
	李大华	李爱东	罗　义	李　宁	罗广求	李猷嘉
	郑兴灿	李建勋	张秀华	王　启	李德强	刘龙志
	杜建梅	陈　泓	李金国	孟庆龙	韩　旭	吕志伟
	李铁军	王雨雷	杨　帆	戴士杰	田家宇	谭柱华
	杨　勇	李　慨	赵海文	李军强	刘宝玺	刘照虹
	袁　野	章凡勇	李姗姗	刘海涛	付彬国	袁　野
	郭卫兵	张慧博	白振旭	刘吉晓	迟　迅	李　妍
	刘　芳	王国恩				

总　序

时光荏苒，风雨沧桑，不知不觉间哈工大即将走过百年岁月。回首学校的发展历程，她的每一轮进步跨越、每一次腾飞奋进，无不与祖国的命运紧紧连在一起。特别是中华人民共和国成立后，从全国学习苏联高等教育办学模式的两所大学之一，到首批进入国家"211工程"和"985工程"，再到入选国家"双一流"建设A类高校名单，哈工大一直得到国家的重点建设，并形成了现在哈尔滨、威海、深圳"一校三区"的办学格局。

当然，哈工大也没有辜负国家的支持与厚望。一直以来，学校秉承"规格严格，功夫到家"的校训，大力弘扬"铭记责任，竭诚奉献的爱国精神；求真务实，崇尚科学的求是精神；海纳百川，协作攻关的团结精神；自强不息，开拓创新的奋进精神"和"铭记国家重托，肩负艰巨使命，扎根东北，艰苦创业，拼搏奉献，把毕生都献给了共和国的工业化事业"的哈工大"八百壮士"精神，主动适应国家需要、积极服务国家建设，以朴实严谨的学风培养了大批优秀人才，以追求卓越的创新精神创造了丰硕的科研成果，成为享誉国内外的理工强校、航天名校。

我始终认为，学生的培养质量是衡量一所大学是否是"双一流"最重要的考核指标，而质量主要是从学生离校走向社会在工作中体现出来的，包括思想品德、工作能力和社会贡献等。经过百年沉淀的哈工大，从1920年建校至今，已经培养了几十万名学子。我在这所学校工作了几十年，也见证了一部分同学的成长。他们在学校掌握知识、锤炼品格，然后投身社会，成为各行各业的中坚力量,其中既有党和国家领导人,也有共和国的将军;既有学术界的泰斗,也有科技领域的骨干……当然,还有在许多行业里的领跑者——杰出的企业家。

很幸运,我们身处一个崇尚创新、追求创新、激励创新的时代。不管是传统行业,还是新兴科技行业,都活跃着哈工大人的身影。这些实干力行的国家栋梁在兢兢业业工作的同时,积累了无数的方法和经验,也有道不尽的经历与感受。无论是对母校生活的追忆,还是对当下工作的总结,这些不可多得的人生财富,都非常值得大家借鉴和学习。

恰逢学校百年华诞,哈工大出版社特意编撰了"建校百年·哈工大人系列丛书",天南海北、各行各业的哈工大人以此为平台,把自己走过的人生之路,真诚又无私地以文字的形式分享出来,为后来者和社会公众提供参考。我认为,这十分有意义,也十分有价值。我向他们致敬,同时也为学校培养出这样的学子感到自豪!而对于广大校友和在校生来说,阅读这些书籍,仿佛有人为你打开了一扇门,特别是身为哈工大人的你会发现,寻找理想、追梦前行的人,不只有你自己,还有许许多多的哈工大人和你一路同行、共同奋斗。

希望广大读者能从本系列丛书中获得启迪,踏上自己人生道路的"英雄之旅",抒发豪情壮志,成就伟大事业。

序　言

时值母校百年华诞之际,受哈工大天津校友会会长郑炜先生之托为这本纪念文集撰写序言。

文集收录了从众多稿件中遴选的几十篇文章。这些文章内容翔实、不尚空谈,字里行间洋溢着对母校的真挚情感,从内容上大致可分为三个部分:在校期间个人的经历以及他们感受至深的人和事;在校学习特别是毕业后个人的成长经历;校友聚集的单位的集体群像及其突出人才的特写。

这些文章的作者是不同时期毕业的人,有的已值耄耋,有的年逾花甲,大多则是年富力强或者风华正茂的中青年人。尽管他们毕业有早有晚,专业各有所攻,工作岗位和阅历不同,但都从不同角度、以亲身经历的见闻展示了母校各个时期的时代风貌和学校的变迁,以校友毕业后的成长、进步和业绩展示了母校傲人的累累育人硕果。以小见大、见微知著。从这些文章中读到的点点滴滴,或人或事,无不映射出哈工大的"铭记责任,竭诚奉献的爱国精神;求真务实,崇尚科学的求是精神;海纳百川,协作攻关的团结精神;自强不息,开拓创新的奋进精神"。

饮其流者怀其源,学其成时念吾师。多篇文章回忆了读书期间或人生重要关口,母校的老师或领导曾经给予的谆谆教导和鼎力帮助,读来倍感亲切。母校"八百壮士"的"铭记国家重托,肩负艰巨使命"的精神一代一代传承、发扬、光大,造就了一支高素质的师资队伍。这支队伍以朴实的校风、严谨的教风和求真的学风,熏陶、教诲、激励渴求知识、渴望成才的莘莘学子,培养出一代又一代杰出人才,为国家输送了一批又一批现代化建设的精英骨干。尤为重要的是，他们在每一位哈工大学子的心中铭刻上的"规格严格，功夫到家"校训，在哈工大学子的人生履历中留下的"哈工大"深深烙印，成为每一位哈工大人终身的宝贵精神财富。

斗转星移，风雨沧桑。百年哈工大，历经坎坷，但始终砥砺前行，永葆精神不倒；栉风沐雨，但辛勤耕耘不辍，赢得春华秋实。百年的历史，留下了代代哈工大人的不懈努力和卓越贡献，写满了沉甸甸的成就和荣誉，凝练出优良的办学传统和宝贵的哈工大精神，也在我们每一个哈工大人的心中留下深刻、厚重而又美好的记忆。

人生中有一种挥之不去的情怀，叫作眷恋。我们深深地眷恋着我们的母校，真诚地祝愿母校抒写出更加精彩的华章，创造新的辉煌！

谨以这本文集表达天津校友对母校感恩的爱，赞美的情！

朱世和　哈工大天津校友会名誉会长

校友会活动集锦

2013年11月3日,天津校友会成立,第一届理事会合影

2019年1月12日，杨士勤校长年会致辞

2019年1月12日，杨士勤校长与四个分会会长、副会长合影

2019年1月12日，天津校友会第二届理事会合影

天津校友与杨士勤校长夫妇合影

2013年11月，杨士勤校长夫妇与孟宏震在周恩来纪念馆留影

2019年1月12日，杨士勤校长为天津校友会会长颁发聘书

2013年11月3日，天津校友与杨士勤校长、孟宏震主任合影

2018年5月4日,周玉校长与天津校友座谈

周玉校长来津

2019年1月12日,景瑞副校长在天津校友会年会上致辞

2019年1月12日,景瑞副校长与乔富源秘书长在校友会年会上合影

2013年11月，孙和义副校长在哈工大天津校友会成立大会上致辞

2018年1月14日，孙和义副校长参加天津校友会活动

第六届海内外联谊会，任南琪副校长与天津校友会代表合影

2017年1月8日，校友总会卢长发主任在天津校友会年会上致辞

2017年1月8日，校友总会卢长发主任与兄弟高校天津校友会代表合影

2019年1月12日，环境学院齐晶瑶书记在年会上致辞

市政学院乔世军书记、环境学院齐晶瑶书记等市政建筑分会理事代表合影

哈工大天津招生宣传组长董霖书记与南开中学就招生宣传进行交流

2019年1月12日，名誉会长冯雪飞致辞

2019年1月12日,新任会长郑炜致辞

2019年1月12日,会长朱世和做工作报告

目 录

天津各行各业的哈工大人

冯雪飞　感念母校与师恩　致敬先贤有余篇 / 4

　　　　　附：专业学科建设启示录（代贺信）/ 12

马方廷　欲穷报国志　何必去"西游" / 16

李震平　勤勉、创业、努力干事 / 28

王存贵　卧薪尝胆　勇攀高峰 / 36

陈建萍　筑军民融合事业新辉煌　而今迈步从头越 / 42

刘树东　电子与通信的逐梦人 / 48

房丰洲　从冰城夏都到渤海明珠 / 56

　　　　　——津门的哈工大人房丰洲

马东起　妙笔生花　砥砺前行 / 62

王念举　振兴民族产业　创建世界品牌

　　　　　发展绿色能源　服务国家战略 / 68

冯宏伟　涓涓小溪　汇流成河 / 74

刘振刚　孜孜不倦确保消防安全路 / 80

鲁英男　天下宜居　有他一叶 / 90

李大华　"5·12"赴德阳救灾终生难忘 / 96

李爱东　润物无声　受益终身 / 104

罗　义　为科研义无反顾的女科学家 / 110

李　宁　载道化成　一路向峰 / 116

罗广求　平凡坚守，为了卫星有颗强健的"心脏" / 120

崔　玥　凝聚匠心铸未来 / 126

　　　　——记天津彼洋机器人系统工程有限公司董事长崔玥

华北院中的哈工大人

哈工大人与华北院 / 135

李猷嘉　燃烧的事业　无悔的人生 / 152

　　　　——访中国工程院院士李猷嘉

郑兴灿　华北院的总工程师 / 157

李建勋　华北院的副院长 / 161

张秀华　华北院的副总工程师 / 166

王　启　华北院的城市燃气热力研究院院长 / 169

李德强　华北院《中国给水排水》执行主编 / 173

刘龙志　华北院第二设计院副院长 / 178

杜建梅　华北院总院副总工程师 / 182

陈　泓　华北院一院副院长 / 190

李金国　华北院的副总工程师 / 194

河北工业大学中的哈工大人

两个 HIT　同一个梦想 / 199
　　——河工大里的哈工大人

孟庆龙　爱国奉献　电器先驱 / 204

韩　旭　复杂装备先进设计领导者 / 208

吕志伟　高功率激光推动者 / 212

李铁军　建筑机器人践行者 / 216

王雨雷　哈工大铸就激光魂 / 222

杨　帆　火眼金睛的视觉与识别 / 225

戴士杰　机器人的感知世界 / 227

田家宇　一片膜分离　一方水清澈 / 230

谭柱华　冲击载荷　智能防护 / 233

杨　勇　表面喷涂　深层改性 / 236

魏　强　空间环境按需模拟　飞行器健康管理 / 238

李　慨　开展机械人多点应用 / 241

赵海文　心怀匠心　机电装备产业化 / 244

李军强　医用机器人　助力健康社会 / 246

刘宝玺　层层深入　强韧共济 / 249

刘照虹　高功率激光　军民融合应用 / 252

袁　野　蓝天卫士　能源优化 / 255

章凡勇　金属强韧化　未来热处理 / 257

李姗姗　方寸之间　感知控制 / 260

刘海涛　我还是我　机械超材料 / 263

付彬国　铸造未来　工学并举 / 265

袁　野　蓝色葫芦娃　屏蔽隐身设计 / 268

郭卫兵　超声钎焊　界面润湿 / 271

张慧博　太极点穴　碎片消旋 / 273

白振旭　高强超短脉冲激光的新一代 / 275

刘吉晓　多彩泡泡　微流体传感 / 277

交流与期望 / 279

科教兴国　共铸辉煌 / 282

融创里的哈工大人群像

从冰城厚积到津门澎湃：跨越时空的交汇与传承 / 285

校友会会长致辞

郑炜致辞 / 303

李铁军致辞 / 313

冯宏伟致辞 / 316

刘芳致辞 / 320

王国恩致辞 / 322

天津 各行各业的哈工大人

哈工大人 **在天津**

冯雪飞
HAGONGDA REN ZAI TIANJIN

HARBIN
INSTITUTE
OF TECHNOLOGY

　　冯雪飞，1954年11月出生于呼伦贝尔市，汉族，研究员，天津市劳动模范，1974年就读于哈尔滨工业大学金属材料及热处理专业，1981年留校任教至1985年。曾任天津广播电视大学校长、天津市政协常委（科技教育委员会副主任）、中国创造学会副会长、中国教育发展战略学会终身教育委员会副主任、天津市终身教育学会常务副会长、天津市创造学学会常务副会长、天津市职业教育与成人教育学会副会长。

感念母校与师恩
致敬先贤有余篇

在哈工大即将迎来百年华诞之际,往事历历在目,感念母校与师恩之情不禁再次油然升起。

我是1974年9月入学九二专业的,1977年毕业后转年考取母校78级研究生,1981年1月毕业后入职九二教研室,工作到1985年3月。

我深感人生之荣幸,在母校求学5年,工作4年,从20岁到31岁,在母校度过了宝贵的青春年华。在这里,我接受了更好的人生教育、专业教育和教师教育,为今后的成长和服务社会打下了坚实的基础。

当时的九二专业名师荟萃,或为20世纪50年代的苏联专家,或为母校第一、二代的"八百壮士"。改革开放后,更是厚积薄发、欣欣向荣。在这里,培养了母校的第一位博士,先后产生了三位工程院院士。我曾在专业成立45周年之际,以贺信为庆,表达了一个学子对母校、专业和师恩的敬仰,现附录于后。

在大学阶段,时值工农兵学员"上大学、管大学、改造大学",政治活动多,专业学习少,幸得名师教诲,少有年华虚度。我们的数学课是刘谔夫先生讲的,政治课是韩福才先生讲的，金属学是张吉人先生讲的，热处理原理是雷廷权、杨德庄先生讲的，力学性能是姚枚先生讲的，X射线金属学是许守廉先生讲的，物理性能方法是宋学孟、常慰祖先生讲的，热处理设备是刘志儒先生讲的，毕业论文是李超先生指导的，即便是到松江拖拉机厂一个月的生产实习也是赵连成先生带的。到了研究生阶段，教研室更是排出了极佳的教师阵容。正是这些先生和恕未能一一提及的老师们的言传身教、辛勤培育、呵护帮助，才使我在德智体等方面都得到了发展，并由此而终身受益。

在大学，我有缘遇到我后来的硕士研究生导师许守廉先生。他是我们7492班的班主任，我因担任三年的班长，就有了更多的学习和接受先生教育的机会。

先生为人率直，行为师范，学术功底深厚，是当时九二专业材料显微分析技术的带头人。他在20世纪50年代从哈工大毕业后即公派捷克斯洛伐克，师从捷克斯洛伐克科科学院考玛莱克院士，研修期间他就与导师首次提出采用X射线衍射测定晶体位错密度的半定量方法。他在20世纪60年代主编的《X射线金属学实验指导书》是教育部指定的高等学校教材参考书。

1983年，先生因夫人身体原因调到天津工作，担任天津大学机电分校的副校长、代校长，推动学校的管理、教学和科研都迈上了一个大台阶。他创办了学校，也是天津市首个特殊教育部，使高等教育惠施于残疾人，中国残联理事长邓朴方同志专程来校出席成立大会。这个特殊教育部后来发展成为国内知名的天津理工大学聋人工学院。

先生在哈工大培养了四名硕士研究生，有一位已成为中国工程院院士和母校的领导。到天津后，限于学校的条件，先生仅与当时的天津师范学院物理系联合培养了一名硕士研究生，如今也已是加拿大皇家科学院和工程院的两院院士。想必先生有知，定会笑慰于天。

我是先生的第一个研究生，先生是我在学术和工作上的引路人。他对我无微不至的关爱，是作为一位导师所能给予学生的一切，其恩重如山。限于篇幅，谨记师恩点滴。

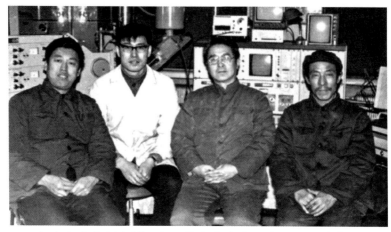

与先生和老师合影（右二许守廉先生，右一刘国斌老师，左一刘健壮老师，左二作者）

先生在1977年底的来信中，第一时间告诉我将要恢复研究生制度，希望我能够考回母校，使我在工作之余开始捡起放下的专业书本。而与此同时，在他和卢振环老师的帮助下，教研室又向学校人事处申请办理我调回哈工大的手续。1978年9月，我是怀揣研究生录取通知书和母校的调令报到的，我与母校再次结缘。

先生知道我留校后因两地分居而给工作和生活带来诸多困难，在他1983年调到天津后，得知天津有研究生可以带家属落户的政策，就立即商调我入津，并妥善安排了我爱人的工作和在当时十分紧缺的单独住房，为我的乐业成长创造了更好的生活条件。须知，当时母校一起留校的同学，还有两家住在二宿舍的一间学生宿舍里，中间仅用一排书架相隔。

1986年，先生应邀参加在匈牙利布达佩斯召开的第五届国际材料热处理会议，因工作之故不能前往。他立即向天津市有关部门推荐我以第二作者身份代为参加，并专门为我申请和办理了参会的种种手续。在当时的条件下，一个青年讲师随中国热处理学会代表团参加国际会议还是一件新鲜事，况且还要花费相当的经费和紧张的外汇指标。正是这次出访，使我较早地开阔了眼界，除了专业上的收获之外，也亲身感受到国外的发展，坚定了今后争取到发达国家研修和考察的决心。

特别是，先生唯恐我因机电分校匮乏科研条件而影响发展，一方面积极支持我重回母校读博，另一方面鼓励我向管理方向发展，建议学校党委安排我担任教务科研处副处长。同时积极支持我参加当时国家科委九大软科学课题之一的"高技术开发区研究"，使我经历了高等教育管理和战略规划方面的初步训练。

1997年，我作为高级访问学者赴美三年，回来后调入天津市教育委员会工作，先生甚为高兴。他认为我已近不惑之年，有学科的训练、教师的背景和国外的经历，从事教育管理工作是有基础的，也是能够有所作为的。他告诫我要廉洁从政，勉励我继续保持做专业工作时的那种劲头，把管理工作做专业。他时年70岁，我们也正在策划补办祝贺先生大寿的活动，却不想他在京参加山东一中校友活动时突发脑溢血而溘然长逝，使我失去报答恩师的机会，抱憾终生。然而，师恩永驻，先生的教诲永在，时时激励和鞭策我做好人、好事，以不愧于是先生的学生。

我的博士生导师是雷廷权先生。在我求学和工作之初，他都是我敬而仰之的学术大师和教研室主任。他是一位学术领导人，远见卓识往往高人一等，领先一步，令人叹服。他在教研室会议上多次强调的要有"射门意识"，使我日后多有感悟，这既是战略思维，也是战术原则。他要求我们首次留校的四名青年教师三年内要过好教学、实验和外语这"三关"，不仅使我能够及

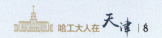

时打下做好教师的基础,而且也成为我日后治校的重要方法。

雷先生不苟言笑,令人敬畏,实则却爱心有加,温度满满。记得我与先生的第一次深入交流,是他帮助许先生和我修改在第六届国际合金强度会议发表的一篇英文论文。我以为,雷先生在文稿上修改后,我再取回打好就是了。但没想到的是,许先生告诉我,雷先生第二天上午10点后抽出时间约我们一起改稿。雷先生的英文极佳,是小时候上海教会学校的功底。他不仅回答了怎样修改,还说明了为什么要这样而不是那样表达,尤其是在句与句、段与段的逻辑关系上十分考究,令我耳目一新。这不仅是在修改英文论文,也是在改造我的逻辑表达方法。他严谨的治学态度和提携后人的师德精神,使我深受教育,铭记在心,或许"规格严格,功夫到家"的校训就是这样润物无声、点点滴滴地不断得以传承的吧!

1991年,我已离开母校6年,深感大有必要"回炉再造",希望再拜雷先生为师,攻读他的博士研究生,先生欣然慨允。我那天匆匆赶回母校参加下午的面试,第二天上午就要返津。先生特意在家安排我共进早餐,谆谆教诲送别。转年,先生亲寄母校博士研究生录取通知书于我,殷殷之情令我至今难以忘怀。后因工作之故,我再也无暇去做项目实验,实难完成研究论文,八年之后只好按校规申请退学,成为终生一大憾事。先生选生向来严格,桃李芬芳,硕果累累,大概唯我有缘无分、退出师门。先生宽容,并无责怪,但我每每想来,都对先生充满深深的歉疚和无限的敬意。

工农兵学员时期,是比较重视政治理论课的。当时马列部的教师下到专业里教学,我们班有幸遇到韩福才老师,他是政治经济学专业的研究生,师从苏星先生,毕业分配到西北局做秘书工作,后因夫妻两地分居调到哈工大,是当时校内唯一研读过《资本论》三卷的老师,他的课程深受同学们欢迎。他还给我们请来关士续先生讲授自然辩证法,这对我们工科专业的学生来说真是一个偏得，激发了我们对科技哲学的浓厚兴趣。我们还常常到韩先生的十几平方米的四口之家里或家门口请他对政治理论和现实问题答疑释惑，打下了很好的政治理论基础，以至在当年的研究生初试中，我的政治课成绩得了93分，在总分上弥补了数学和外语成绩的欠缺。复试通过后，我得到了还可以选择自然辩证法专业的机会。20年之后，我开始从事教育管理与规划研究工作，当年打下的政治理论基础使我受益匪浅。

当时，体育教研室的马永昌老师下到我们班负责体育课教学，使班里运动风气蔚然，精神面貌焕然一新。他给我们介绍了毛泽东主席早年发表的《体育之研究》，使我深感震撼，深受教益。他还向母校学生男篮教练王平周老师推荐我参加球队，我一打就是9年，从学生队到教工队，身体素质显著增强，身高竟也增加了5厘米。1980年，学生男篮获得黑龙江省高校篮球赛的冠军，受到学校领导的亲切接见。

我也有幸参加了1980年6月7日校庆60周年的纪念活动。当时的九二

运动员与校领导合影（前排：左五刘德本校长，左六彭云副书记，左四李廉泉纪委副书记，左七张真副校长，右一王平周老师。二排：右五作者）

专业在雷廷权先生的主持下,以两个学术报告会为校庆献上了一份不同寻常的贺礼。

当日上午,教研室在全校率先组织了由日本东京工业大学田村今男教授主讲的学术报告会,张真副校长观摩了报告会,其他专业的一些老师也慕名而来。这次报告会开当年母校"请进来"之先河,以此拨乱反正,传承了哈工大开放办学之精神,不仅开阔了我们的学术视野,更是较早地给予了我们开放的国际眼光。自那时起,开放与国际标准的观念就给我留下了深深的烙印。

当日下午,教研室在机械楼阶梯教室召开科研项目报告会,教研室的主要老师介绍了他们在研项目的阶段性成果。导师许先生让我代他做汇报,我因从未做过,不免十分忐忑。先生告诉我,这是一个很好的锻炼机会,万事开头难,要勇闯第一关,关键在于信心、脱稿和逻辑。在导师的鼓励和指导下,报告比较成功,使我迈出了学术讲演的第一步,增强了演讲表达能力。后来在留校做教师的试讲时,得到三位听课老教师的一致通过。此后,我担任了本专业本科和外专业研究生的电子显微分析方法课程的主讲教师,直至调离母校。

33年后,国际开放与远程教育理事会(ICDE)第25届世界大会经天津市政府批准在梅江会展中心隆重举行,这是在中国大陆首次举办的全球性远程教育领域顶级国际会议。我作为大会组委会主席迎送了来自五大洲49个国家、地区和国际组织及全国各省市的313所高校、教育机构的千余名参会代表。

这次大会时值国际开放与远程教育理事会成立75周年,也是天津广播电视大学建校55周年的重大校庆活动。大会集中展现了世界开放远程教育的发展现状和未来趋势,也集中展示了中国和天津远程开放教育发展成果。在上级领导和各有关方面的大力支持下,大会在历经三年的竞办、筹办后取得圆满成功,得到与会代表的充分肯定,好评率达到99.27%,人民网、新华网等 25 家主流媒体报道和转载了大会盛况，并入选当年度中国远程教育十大新闻。

国际开放与远程教育理事会第 25 届世界大会留念（居中者 ICDE 主席田贝妮，右八 ICDE 秘书长嘉德，左七国家开放大学校长杨志坚，左五天津电大党委书记于茂东，右六作者）

国际开放与远程教育理事会第 25 届世界大会会场

一年后，我离开了校长岗位，这次大会也成为我感念母校与师恩的一次汇报。正是得益于当年母校和恩师的培养与教育，我才能够在工作之年为党和人民的教育事业做出应有的奉献。

附：专业学科建设启示录（代贺信）

哈尔滨工业大学金属材料及热处理专业师生，尊敬的周玉主任、雷廷权先生：

值此金属材料及热处理专业学科创建四十五周年暨雷廷权先生七十寿辰之际，谨致以热烈的祝贺和崇高的敬意！

专业学科建设四十五年的光荣历程，弥足珍贵，成就傲人。实践证明，这个专业不愧是国家高等教育的重中之重。从这里走出的数以千百计的高质量人才，从学士、硕士到博士，产生的数以百万字计的学术文献，从论文、教材到专著和上百项的科技成果，从省、部级到国家级，都充分表明这个专业的确是培养高级人才、开展学科性研究和开发高新技术及其产品的创造性和前沿性基地，为科技兴校、兴省、兴国，为经济振兴、科技进步和社会发展发挥了重点学科的骨干和带头作用。

专业学科四十五年的创建和发展，是与廷权先生为代表的专业学科建设者的名字分不开的；是与他们贯彻党的教育方针和忠于党的教育事业的无私奉献、崇高的思想境界分不开的；是与他们的爱国主义情操以及不懈的努力、追求、拼搏和奋斗紧密相连的；是与他们的精湛的教育和学术思想、独到的建设和发展思路、缜密的战略筹划和精心的组织以及优良的学风息息相关的。可以肯定地说，这个专业是一个以团体力量取胜、靠集体智慧夺冠的楷模，为我们加强学科建设，特别是加强重点、优势和特色学科建设提供了范例。

学科建设是学校发展战略的重要组成部分。重点学科建设已成为新一轮竞争中的战略制高点。专业学科四十五年来的建设，特别是改革开放以来所创造和积累的经验无疑是一笔宝贵的精神财富和无形资产。在它带给我们的诸多启示中,最重要的一条就是在师资队伍建设中形成一个坚强的领导集体和领导核心。

发展是硬道理。重点学科是在竞争中发展的,学术带头人、学术领导人以及学术领导集体是在发展中形成的,以学术领导人为核心的领导集体是专业建设的旗帜和方向。当今的学科竞争集中表现为人才队伍的竞争,而这首先又是高级人才、学术带头人和领导人的竞争。

诚然,专业学科的建设与发展是专业建设者共同努力的结果,是集体智慧和心血的结晶。然而,同样重要,有时甚至更为重要的是,集体的智慧必须集中和概括,集体的心血必须凝聚和升华,结晶必须要有核心,如此才能形成集体的意志和学科的力量。正如小平同志所言,领导集体是要有一个核心的,没有核心的领导集体是靠不住的。试想,如果没有以廷权先生为核心的学术领导集体长达数十年的集思广益、呕心沥血、运筹帷幄和身体力行,专业建设和学科发展要取得今天之成就,将是令人难以想象的。也正是在这一基本点上,九二专业的学科建设才形成了历久而不衰和可持续发展的鲜明特色。

牛年驮载丰收,虎年再送喜悦。在刚刚过去的极不寻常的1997年,廷权先生当选为中国工程院院士。这标志着专业学科的先进水平和兴旺发达,也进一步奠定了专业学科在国内的领先地位,是专业学科建设发展史上的又一重大事件和里程碑。这是先生的光荣,也是专业学科的光荣。我窃以为,这是先生奉献给专业创建四十五周年的最好礼物。同样,专业学科建设所取得的突出成就也一定会给先生增添生日的喜庆和欣慰。

改革开放以来,母校是全国重点高校中持续、稳定和快速发展的院校之一,取得了令人瞩目的成就。专业学科的发展具有良好的内、外部环境和地缘、人缘优势,能够而且应该成为我国东北乃至东北亚地区的金属材料及热处理学科

的教育中心、学术中心和工程技术中心。我相信，在党的十五大精神和邓小平理论指引下，在上级的正确领导下，专业学科的新一代领导集体一定能够继往开来、再创辉煌，把一个充满生机和活力的专业带入21世纪，继续谱写学科建设与发展的崭新篇章。

作为一个曾在这个专业求学五年，而后又工作，也是继续学习四年的学生和校友，我对专业和老师充满眷恋和感激之情。我想借此机会，向给我以终生教益的专业和恕不能逐一而提的师长们鞠躬礼拜，再道谢忱，并祝专业如虎添翼、兴旺发展，祝廷权先生生日快乐、身体健康，祝各位老师节日愉快、万事如意。

此致
敬礼

冯雪飞

1998年6月5日（电传稿）

哈工大人 在天津

马方廷
HAGONGDA REN ZAI TIANJIN

HARBIN INSTITUTE OF TECHNOLOGY

马芳廷，曾用名马方廷，1938年出生于天津武清区。1958—1963年就读于哈尔滨工业大学焊接专业，任9系团总支副书记，1962年入党，1963年被高教部评为全国特别优秀生。毕业后留校在焊接教研室再培养，下过厂、下过乡、当过兵、做过助教、做过学生队辅导员、曾被借调到国防科委东北办事处、经历过南迁重庆工业大学。1974年4月调入中国交通建设集团第一航务工程局，1974—1993年在集团下属船厂工作20年（担任生产科长8年、厂长12年），1993—2009年在集团工作25年，任集团副总工程师、教授级高级工程师，享受国务院特殊津贴。在企业工作45年，先后创国内首例6项、填补国内空白2项、创国际首例2项，有多项国家专利，获多项科技进步奖。

欲穷报国志　何必去"西游"

第一部分　留校的十年

特优生留学西德梦碎

本人原名马芳廷，曾用名马方廷，1958年入学，1963年焊接专业毕业，毕业典礼大会上，我代表应届毕业生讲话，哈工大校报头版以《红专健的优秀毕业生》为题报道了我的事迹。起初我被分配到北京925部队，两天之后突然通知我取消原分配方案，到学校人事处报到。人事处田老师让我继续在学生二宿舍住，继续在学生食堂用餐。8月底得到人事处通知："高教部试行特优生制度，你是第一批特优生，部里委托学校代培，要求下厂、下乡、当兵，参加教学科研，强化德语，公派留学西德；先去9系党总支报告，然后去951教研室（焊接教研室）报到。"

1963年10月—1964年8月，我在哈尔滨112厂与工人同吃同住同劳动，在23车间和20车间，焊接米格飞机铝镁合金副油箱，焊接

30CrMnSi起落架；1964年9月—1965年4月，带学生去沈阳410厂实习，指导应届毕业生课程设计；1965年7—9月去吉林省3080部队当兵，与战士同吃同住同操练；之后去黑龙江省双城县搞社教，做大队（人民公社下级单位）毛泽东思想宣传队队长。

1966年3月开始强化德语，预示着留学西德的日子不远了。我精神状态好，听课效率高，很快就掌握了一些日常会话。可惜，留学西德的好梦过于短暂，由于时局发生变化，公派留学西德的美梦，从若隐若现，到彻底破灭。我极其平静地接受了命运的安排，白日依山尽，黄河入海流，欲穷报国志，何必去"西游"。

经历正面教育和学校南迁北返

1967年，我被调到沈阳市国防科委东北办事处，这是个部队，此时正实施正面教育。我很快就适应了这个新环境，心胸豁然开朗。我在"非标准处"工作，任务是按照国防科委要求，在东北地区组织落实军品的工艺设计和加工制造，保质保量按期将产品提供给各地国防科研单位。

1969年学校通知我回母校，准备南迁重庆。

学校组织了南迁先遣组，我是其中一员。重庆工业大学建在北碚风景区，脚下是嘉陵江温塘峡畔，背后缙云山白云缭绕，似雾非雾，似烟非烟，磅礴郁积，气象万千。我们的校址能在这个地方，据说是成都军区和四川省革委会的精心安排。1970年3月初我到重庆，从重庆市去北碚唯一的交通工具就是在牛角沱乘长途汽车，狭窄的公路一边是悬崖峭壁，一边是万丈深渊的滔滔江水，哈尔滨始发的"军列"

到重庆九龙坡编组站，我们往返于九龙坡编组站和北碚之间。到北碚的仪器设备大部分只能露天存放。1970年秋，南迁的老师们陆续来到北碚。

1973年8月，国务院中央军委决定重庆工大北返，恢复原哈工大。学校出于各方面的考虑，电示重工大可以放走一部分教师，于是许多教师先后离开了哈工大，我和我爱人于1974年4月调往天津交通部第一航务工程局（后改为中港集团第一航务工程局，再改为中交集团第一航务工程局，以下简称一航局），响应周总理号召参加"三年大建港"。

留学西德梦不长，缙云山下嘉陵江，日月如梭十年恋，一觉醒来回故乡。

第二部分　在企业工作35年

1974年5月始，我在一航局船厂船体车间做技术员，当年11月任生产科副科长兼全厂生产总调度，第二年任生产科长，1982年任交通部代表团团长，带部属船厂技术负责人去日本45天，考察IHI下属船厂和钢结构制造厂等，年底开始做了十多年船厂厂长，其间短期去阿联酋施工。1993—2008年，我任一航局副总工程师，其间先后去日本、瑞士、德国、美国、澳大利亚、英国做技术考察交流。1994年获教授级高级工程师，之后通过考试获得国家无损探伤资格证书、国家级监理工程师证书、交通部水运工程监理工程师证书等。1999年获国务院政府特殊津贴。近60岁的时候，一航局决定让我继续担任副总工程师到70岁。2008年12月

9日（70岁）从一航局退休。

我在一航局工作了35年，亲力亲为填补两项国内空白，结束了开体船依靠进口的历史，结束了半潜船依靠国外设计的历史，创新六个国内第一，搞成两项国际首创。

"很受工人欢迎的知识分子"

船厂是1972年新建厂，地处海河出海口，海河大闸和天津港近在咫尺，占地面积13.8万平方米，职工690人，有一个船坞和一个船台，厂部有若干职能科室，下有船体、轮机、船具、铸造、锻造、电工、木工等七个生产车间。

我在船体车间负责生产技术工作，每天和工人一起干活，熟悉船舶建造工艺，晚上利用边角余料练手工焊接，熟练平焊进而掌握立焊，我经常和焊工一起钻舱（在船舱里干活）施焊，在船舱干一个多小时通身是汗，半天下来厚厚的工作服就湿透了，焊工们都很愿意和我交朋友，相互切磋、共同进步。

我向车间建议引进埋弧自动焊，答应负责操作并培训工人，车间和厂部接受了我的建议。8月初埋弧自动焊设备到车间，我用晚上时间把设备调试好，提前给几位工人做了简单的理论辅导，8月中旬到9月中旬，每天带着几名工人蹲在船台拼板和焊接，施工效率和焊接质量明显提高，自动焊工艺很快得到了车间和厂部认可，自动焊机迅速从一台增加到多台，平面分段全部实现了自动焊。夏秋之间，上级要求船厂向马耳他提供"围铃"，白天我指导工人操作自动焊，下班以后和车间主任一起以"水火弹弯工艺"制造大小"围铃"。

10月底厂党委任命我为生产科副科长兼全厂生产总调度，谈话时特别强调年度计划吃紧，要求我11月1日到生产科报到。11月11日，我第一次主持了全厂生产会，并做了"大干50天提前完成全年计划"的说明，由于该计划要点和措施考虑了各个车间的实际情况，听取了各个工段长的意见，并且事前与各车间和有关科室沟通了，因此会议认为这个计划切实可行，调度会之后我日夜兼程组织实施，计划进展很顺利，提前10天完成了年度生产计划，皆大欢喜。

在船体车间和船厂的年度总结中，表扬我是"很受工人欢迎的知识分子""没有大学老师的架子"，称赞"哈工大不愧是名牌大学"等等。次年，通知我担任生产科长。

填补两项国内空白

1977年之前，我国水工工程使用的泥驳（在海上装、运、卸泥沙石的工程船）都是开底泥驳（船舱是一个整体，底部可以开闭），该船设计简单，效率低；开体泥驳（主甲板以下是两个半船体，以主铰链为轴两个半体可以开闭，开闭过程上层建筑平稳升降）载重量大、效率高，但是开体泥驳只能依靠进口。我和几位工程师讨论认为，这类船可以自行设计制造，报船厂领导和局船机处同意后，我把自行设计建造开体泥驳列入1977—1978年的技术开发计划和生产计划，并牵头组织了一个五人技术开发小组（包括船体、液压、轮机、电气专业各一位）。经过两年多的努力，1979年国内自行设计建造的第一艘"500 m^3 非自航开体泥驳"诞生，海上轻载和重载试验取得圆满成功，投入施工使用后，得到了一航局和五公司的赞誉。之后《人民日报》头版发了新华社报道，描写该船向海里抛卸泥沙石的过程，如同"蝴蝶展翅一般"，高度评价一航局船厂"结束了该类船舶进口的历史"。该船开发成功后，船厂又建造了"500 m³自航开体泥驳"，进而参加中国技术进出口公司组织的国际招标，一举中标并建造了"1 000 m³自航开体泥驳"。

2007年，一航局和天津航道局决定合资成立国际航运公司。由我和天津航道局副总工程师牵头组成一个技术开发小组。国内2002年投入使用的中远集团旗下的18 000 t级半潜船"泰安口"（随后还有"康盛口"），是由荷兰Vuyk Engineering Centre公司设计的。我们与上海船舶设计院合作，自行开发设计载重量20 000 t的半潜船。船舶建造并投入运营后，技术状态一直很好。这是中国自行设计的第一艘无限航区半潜船，结束了该类船舶依靠国外设计的历史。2010—2012年，我与上海708所合作，主持设计建造了一艘载重量38 000 t的半潜船，投入运营后船舶状态一直很好。38 000 t半潜船的排压载是"水排"，之前的20 000 t半潜船是"气排"，为此我写了《对半潜船船舶排压载系统的技术讨论》，发表在《中国港湾建设》2013年第3期。

创新六个国内第一

1977—1978年，我主持建造了国内第一艘"500 t机舱污水处理船"（收集港湾海面浮油，经处理达标后排放），该船为国内首例。联合国亚太地区环境保护组织十几个国家代表在天津召开现场会，称赞该船试验成功，完全满足设计要求。

1978—1979年，我自行设计制造了国内第一个大型船用液压缸（同时制造两个）。大型船用液压缸是开体船的关键设备，70年代直至80年代，国内没有大型船用液压缸的生产，可以从德国或者日本进口，但是需要一大笔外汇。我们土法上马，自行设计制造了外径 420 mm、通径 330 mm、缸体长度 4 078 mm、轴端工作压力 25 MPa 的大型船用液压缸，投入实船安装使用，效果极佳。

1985—1986 年，天津港散粮码头技改项目是国内首次引进具有 80 年代国际先进水平的成套散粮装卸技术，属于国内首例。该项目由英国西蒙卡维斯 (SIMON-CARVES) 公司总承包，中央控制系统是德国西门子公司的，14 个钢结构筒舱是比利时迪斯迈公司的技术专利，主要组成部分包括气垫机输送系统、气垫夹带提升机系统、刮板机系统、熏蒸采样系统、除尘系统、称重系统、拉车系统、清仓系统、气动液压系统、PLC 中央控制系统、连接站桥、转向塔、提升塔、地下廊道等。需要转化的英文图纸几千张，安装调试的零部件 1 500 多吨。我打破车间和工段界限，在天津港区组织了一个铆、焊、起重、钳、电等多工种的施工队伍，把 100 多名工人分成若干工段和班组，扁平管理，直线指挥，我与工人和工程师一起，日夜兼程、顽强拼搏，创造了若干个专门的安装工艺，获得了天津港和交通部的高度评价，阶段性计划一再提前，单机、联动、空载、重载试车一次成功，比英国西蒙卡维斯公司总经理确认的工期提前近 1 年，比甲乙方合同工期提前 4 个多月，一航局局长和局属各公司总经理到现场参观，赞不绝口，交通部长钱永昌在 1985 年到 1986 年，多次签发通令嘉奖，1986 年 12 月 30 日，钱永昌部长和天津市长主持了国家验收。

1991—1992 年天津市 1 号重点工程——30 000 m^3 浮顶式油罐两座在天津港南疆制造安装。我们采用的"倒装法施工工艺"为国内首例。从工艺设计到施工验收全过程，我一直亲力亲为，两座油罐提前两个月完工，密性试验和强度试验一次成功，获天津市表彰和科技进步奖，我和另一位工程师写的《3万立方米浮顶油罐倒装法施工》一文，刊登在《港口工程》即《中国港湾建设》1996年第4期，并被录入交通部《中国交通运输体系发展全书》。

1994年11月，一航局决定干式安装大连中远船坞坞门，坞门卧式（湿式）安装是常规工艺，立式（干式）安装在国内尚属首次。1995年7月21日下午，我在大连中远船坞的坞口，指挥起重船将坞门平吊入海，然后8索立吊安装一次成功！中国工程院院士刘济舟在现场看了安装全过程。我们事前参考哈工大《理论力学》（人民教育出版社1981年版）和冈察洛夫《函数插补与逼近理论》，做了"定距双吊钩起吊大型结构时吊索受力计算"，该计算在《港口工程》即《中国港湾建设》1997年第3期刊登，并获科技进步奖。

2003年3月，在我们着手设计"3 000 t坐底式半潜驳"的时候，中国CCS、法国BV、英国LR、日本NK、挪威DNV等国家船级社，均没有相应的设计规范。首制"3 000 t坐底式半潜驳"建造完毕的2003年9月，CCS规范研究所颁布了《半潜驳检验指南》（讨论稿）。首制"3 000 t坐底式半潜驳"投入使用一年后，即2004年12月，CCS颁发了《半潜驳检验暂行规定》（讨论稿）。在国内外没有相应规范的情况下，我们的国内首创获国家专利和科技进步奖，我与设计者等合写的《坐底式半潜驳的开发和应用》一文，刊登在《中国港湾建设》2006年第1期。2004年及以后，一航局相继建造了举力3 000~6 000 t的坐底式半潜驳若干艘，效果都很好。

完成两项国际首创

1998年及之前，我们国家水下基床抛石和整平，仍然沿用着潜水员水下作业的方法，劳动强度大，作业效率低，基床精度差，受风浪和潮流等气象制约。长江口深水航道治理工程基床抛石整平的施工量之大，是新中国成立以来最少见的。一航局中标后，我陪同局长和总工程师去青岛，与下属二公司的专家们群策群力，讨论制定了专项基床抛石整平施工工艺，然后由我牵头设计制造满足该工艺要求的"坐底式基床抛石整平船"。1998年春夏，我与二公司的工程师们通力合作，自行设计研制"水下整平机""刮刀"和"牵引装置"。研制后，反复试验"整平机刮刀"在整平全过程中，不同规格和不同数量石头的阻力，反复试验不同结构形式"刮刀"的整平效果，取得大量试验数据以后，通过计算和论证，确定"整平机""刮刀"和"牵引装置"的技术参数。然后，我和几位工程师呕心沥血、日夜奋战，在船舶建造中继续完善。1998年11月，"坐底式基床抛石整平船"到达长江口施工现场，我在船上主持系统调试和典型施工。投入施工后，整平基床质量非常好（高程误差 5 mm ± 2 ppm）；提高了抗风浪流能力，增加了作业天数，且可全天候施工，极大地提高了施工效率；彻底取消了潜水员水下作业，实现了机械化、自动化、精细化的抛石整平作业，在国内和国际都是首创，在该施工领域具有划时代意义，获得了国家专利和多项科技进步奖。

2000年，长江口深水航道治理公司通过一航局特意邀请我去上海，参与解决多个液压振动锤联动施工的设备问题。在当时，世界上只有5个公司即美国APE、ICE公司，法国PTC公司，荷兰PVE、ICE公司生产液压振动锤，且单台最大激振力只有 3 000 kN。外径 12 m 钢筋混凝土大圆筒（高 22.2 m，单重 4 700 kN）振沉需要 10 000 kN 以上的激振力，参加技术谈判的美国、法国、荷兰等公司的总裁和技术专家说法一致，世界上只有过 2 台振动锤联动施工的试验，没有 4 台振动锤联动的先例，且都认为，4 台液压振动锤联动的同步性是核心问题。长江口深水航道治理公司决定，购买美国 4 台"APE-400 型"液压振动锤。

2001 年，我陪长江口深水航道治理公司总工程师去美国西雅图 APE 公司，讨论修改了 APE 公司液压系统设计，4 台锤液压系统实施串联。之后在天津，我和其他工程师一起，修改完善了 APE 公司支承梁的设计，制造了锤组联动支承梁平台，设计制造了吊架，保障了支承梁、吊架和 4 台锤在各种工况下都能够形成一个稳定的空间结构体，为实现 4 台锤相位的同步性做出了关键性的技术贡献。2002 年 3 月，4 个钢筋混凝土大圆筒的振动下沉，充分说明 4 台锤的联动和相位同步性完全符合施工要求。

2002 年 6—7 月，我在广州番禺南沙指导大圆筒振动下沉的施工。这个地方离虎门大桥很近，在云淡风轻的天气，一片不起眼的浮云从头顶飘过时就晴天下雨。工程地层比较复杂。振沉这么大（单筒重最大 182 t，直径 13.5 m）的钢圆筒在国内外属首创，没有技术标准可以遵循。40 个钢圆筒振沉成功，获国家专利和多项科技进步奖，并为港珠澳大桥的大钢圆筒振沉提供了技术储备。国际专家一致称赞中国率先解决了多个液压振动锤联动振沉大圆筒的设备和工艺问题，对全球深基础工程的设计和施工做出了极其宝贵贡献。

2009—2010 年，一航局为港珠澳大桥人工岛的大直径钢圆筒振沉（西人工岛 61 个钢圆筒，东人工岛 59 个钢圆筒），在总结 4 台"APE-400 型"液压振动锤组经验基础上，通过技术谈判（我参加了技术谈判），引进 8

台"APE-600型"液压振动锤，并于2011年5月15日，在人工岛现场典型施工（我参加了典型施工），以"APE-600型"8台联动液压振动锤组，对直径22 m、高50.5 m、重500 t的钢圆筒振沉，获得圆满成功。之后连续振沉120个直径22 m的钢圆筒，满足了工程需要。

    国企工作平常心，

    游刃有余悦创新。

    敢作敢当讲诚信，

    海阔天空又一春。

李震平

哈工大人在天津 HAGONGDA REN ZAI TIANJIN

  李震平，1945年1月出生，湖北蕲春人，1962年考入哈尔滨工业大学，就读于机械系压力加工专业。工作经历为：黑龙江省依安县农具厂工人、机床厂技术员、电子元件厂厂长、玻璃厂厂长，天津市津京联合玻壳厂工程师、厂长，天津市电子仪表工业局副局长，中国联通天津分公司总经理，天津市通信行业协会理事长。天津市第十三届、十四届人大代表，天津市第十四届人大常委会财经委委员。曾获天津市科技进步奖一等奖、天津市特等劳动模范等奖励。

勤勉、创业、努力干事

参加天津津京联合玻壳厂的创建

1983年初,李震平由黑龙江调到天津,来到天津津京联合玻壳厂建厂指挥部。这是一个刚刚开始筹建的大型企业,产品是黑白显像管玻壳。这是生产电视机所急需的核心基础产品,直接制约着电视机的产量,当时仅有美国、日本生产,国家要求快马加鞭地完成这个项目的建设。于是,南有上海引进美国技术,北有天津引进日本技术。该项目也是天津自新中国成立以来投资规模第二的大项目,市里很重视,电子工业部很重视,因有北京市的投资份额,北京也重视。部领导、市领导常有视察,多方指导。党和国家领导人也非常关注这个项目,充分彰显了各方关切之情。

李震平来到后不久即被任命为技术组组长。技术组负责技术工艺的消化吸收、设计衔接、设备制造、安装调试、能源系统建设等一系列工作,以实现全线开通、达标达产为工作目标。工作一年后,在组织考察中,李震平获群众的全票推荐担任了副总指挥,并担任了董事会董事、项目中方总代表。

1986年3月项目按期建成。这是一个由日本NEG公司提供技术保证和生产线的现代化企业，是一个生产能力、工艺指标、设备水平、岗位定员、管理体制完全与世界先进水平对标的先进企业。1986 年末，李震平被任命为该厂厂长。1987 年度，工厂达到设计生产能力。

为了满足市场对电视机的需求，国家急需玻壳生产扩能。是二次引进还是自主建设？天津津京联合玻壳厂全体职工以超群的胆略，选择了自主建设的道路。这就甩开了技术保证，不再搞生产线的全线引进，从而大幅度地节约了资金。之所以下这样的决心，一是技术人员和生产骨干在引进过程中认真学习生产技术，做到人盯人、全覆盖、分级落实责任制，技术学到手，操作学到手，资料拿到手，朋友交到手。二是对生产线的设备有了深入了解，并且有意识地组织了国内的设备制造专业厂家全程参与。李震平还特别注意发挥他学机械的专长，注意对国外国内设备厂家的考察调研，搜集和研究相关的资料，从而有了基本的判断，心中有了底。于是二期扩建中，依靠当年技术引进获得的资料，由国内的设计部门自行完成设计生产线和生产设备，关键生产设备的制造采取的办法是由国外采购关键部件，由国内厂家完成组装，一般设备由国内仿制。二期扩建中的一项工作创新是向外方购买技术服务，即在设计、制造、调试等各关键技术环节，在需要的时间、请需要的人来、解决需要解决的难题。来华专家按日计费，支付技术服务费。双方关系是责任在我、工作在我，外方专家起着保驾护航作用。这样做比购买技术保证、买全套生产线设备要便宜多了。同时，李震平还组织技术人员对一些关键技术开展技术攻关，对于一些依赖进口的部件用国产部件替代，例如，压制玻壳的模具，一套就需要 100 余万美元。经组织技术攻关逐一解决好材料研制、数学建模、数控编程、冷却系统设计、专用刀具、加工中心加工、三坐标测量仪检测等技术关键后，终于实现了模具的国产化，且使用良好，每套仅需人民币 100 万元。该项目成功之后，李震平和攻关团队获得了天津市科技进步一等奖。

天津津京联合玻壳厂二期工程以较低的投资实现了生产能力翻一番，更重要的是锻炼了队伍，以后又自己设计了小尺寸玻壳生产线、显示管生产线、颈管生产线等。发展步伐不断加快，天津津京联合玻壳厂后来成为国内最大的黑白玻壳生产厂家，为我国电视机行业的大发展做出了贡献。

天津市电子仪表工业管理局工作一瞥

1991年，李震平调到天津市电子仪表工业管理局工作，担任分管生产经营的副局长。此期间有一项工作给大家留下深刻的印象，就是扶贫解困工作。在企业被推向市场的过程中，一些企业的生产经营出现困难，一些企业职工的生活出现困难，当时社会保障体系建设尚未完全到位，企业退出机制尚不完善。为妥善处理这一问题，在局党委的领导和支持下，李震平组织局有关处室、局下属有关公司，先后抓了四十余家困难企业的治理。有的生产自救，有的兼并重组，有的对口帮扶，有的破产安置，还从其他大型国企选拔任用了一批勇于任事、乐于吃苦、善于想办法的干部或后备干部到困难企业里去工作，效果很好。对于因企业困难影响了基本生活的困难职工，组织干部送温暖、送关心，做到"钱不到话到，话不到心到"。还逐一排查，家访落实，确定特困户，安排好生活保障，协助其设法自救。全系统的困难职工都知道，他们的困难是有人关心、有人管的，陷于困境的企业也不敢怠懈，不甘落后，因为知道局里抓得紧，从而有力地促进了稳定。市委了解到电子仪表工业管理局的做法后，专门让李震平代表局里在市委常委扩大会上做了专题汇报，肯定了电子仪表工业管理局在计划经济向市场经济转变过程中，对于出现的新情况和新难点做出的积极探索。

参与联通组建，努力建设新型企业

1994年，国家决定在通信行业中打破垄断，引入竞争，深化改革，加快发展，为此成立了中国联通公司。中国联通首先在4个城市起步，其中包括天津。经市委市政府推荐，李震平被任命为天津联通的总经理，从而参与了联通的艰苦创业历程，投身于这场波澜壮阔的通信行业大改革、大发展、大机遇的潮流之中。任职11年，他经历了通信行业由瓶颈成为先导，由封闭走向开放、走向智能，由传统走向现代的艰苦历程。他还见证了通信行业在竞争中加快了发展、加快了创新、改进了服务、降低了资费等一系列的变化。天津联通也由起步时只拥有50万资金，发展成50亿资产的大型企业。

在改革与发展中如何做好企业，如何建设一个全新的充满生机的企业，对此，李震平在天津联通做了许多积极的探索。

他组建天津联通的定位是"社会服务优，企业文化优"，提出的目标是"要做通信服务的最佳提供者"，对员工的要求是"着急、用心、使劲、出活"。企业的一切工作均以"最佳提供者"为导向。例如，天津联通在全行业内率先实行了低柜台一站式服务，以前用户办理业务要转来转去走好几个窗口，甚至要去好几处不同的地点，现在变成各个环节围着用户转，客户仅需坐等。还在营业厅和客户服务中心实行了首问责任制，不许把客户的问题踢皮球，而是接待人员去追本溯源寻找答案。在维修排障的电子流程中还实行了工作痕迹的记载、追踪、评价，以确保各岗位及时快捷地处理好各种问题。在网络优化中面向社会提出了"千金寻盲点"，用户如能发现并举报通信盲点则奖励1 000元，这既促进了内部工作，也对社会彰显了网络的实力和信心。

对外的服务提升要靠内部的有效支撑，天津联通靠企业文化出正气，靠激励机制出活力，靠工作体制出效率，在内部努力优化体制和机制，努力建设良好的内部工作环境，始终坚持人员高素质、轻结构，组织结构扁平化、工作流程化、作业规范化，推广电子流程的覆盖，不断强化信息平台的支撑。在人事制度上充分抓住了企业新建的有利条件，放手实施各项改革措施，做到了人员竞争上岗，考核末位淘汰，以岗定薪、岗变薪变，人员能进能出，干部能上能下，机构能设能撤。人事制度的改革，使得人事关系简单化，使得企业充满了活力，朝气蓬勃，特别能战斗。例如，联通发展到一定阶段时需要转战郊县，于是，一次动员就有一半中层干部主动请缨到郊县去开拓局面，每人带领1~2名职工，很快就使郊县的分支机构建设起来了，很快就使郊县的业绩发展起来了。

李震平还深知管理上的创新是离不开信息技术应用的，实现服务的周到与快捷、资源的掌握与便捷的使用、维修排障的及时、工作流程的有效对接及流转的顺畅等，都要靠一轮又一轮的信息化推进。企业设有专门的信息化推进部门，这个部门的软件工程师被当作"软件采购员"。他们既了解各部门的业务，又懂软件开发，他们一手联系软件开发商，了解他们的软件功能及拓展潜力，一手联系各业务部门，挖掘其对信息化的需求。他们的任务是编制出高水平的用户需求书，做到既有效地表达出业务部门的软件诉求，又充分地体现软件开发的提供能力和潜力。用户需求书的讨论和实现的过程，实际上也是公司内部管理优化的过程。

李震平不仅注意天津联通的内部工作环境建设，也特别注意外部工作环境建设，从而获得了天津市各个方面的大力支持。他还注意依靠各方开展广阔的合作，例如刚起步时没有地下管网资源，天津联通挖掘出社会空闲资源，加以连接管理，成了天津联通起步的基础，在市场营销上还率先尝试了把商业机构和个体经营者组织起来，千军万马搞销售，等等。总之，天津联通的基本做法就是把社会资源有效地组织在一起并将作用有力地发挥出来。

在联通成立初期，单薄弱小的联通与当时政企合一的邮电系统正处于相互竞争状态，联通的新建网络与邮电系统的现有网络之间的互联互通必然矛盾重重，是天津率先突破矛盾实现了互联互通，从而得以向社会公众提供了联通的通信服务。这一标志性突破在全国起到了示范作用。这样的例子还有很多。多年后业内人士回顾这一历史阶段时，都纷纷表示，当年许许多多的探索、磨合、重重矛盾，大部分都是在天津实现突破和妥善解决的。对于天津联通自身来说"领先一步"和"与狼共舞"也极大地锻炼了队伍，没有重重的压力，天津联通的内部改革、管理优化也就难以推行和实现。

继续在协会岗位上为行业服务，为社会服务

退休之后，李震平就任天津市通信行业协会会长。在任职的12年中，他竭诚服务，一以贯之，在为行业服务、为社会服务上做了大量的工作。例如，运营商的基站、铁塔、局房的选址建设常常会出现矛盾，甚至有一次，某地方法院做出了不得上诉的终审判决，责令某运营商拆除位于居民区内的一些机房基站，这一判决一旦被执行将成为不良案例，会大面积引发纠纷，也会有不少通信设施面临被拆除的境地。因此李震平找了市政法委、市法制办、市高级法院和地方法院，从完善司法解释入手，经市政法委协调后，由地方法院以调解的方式将该案件妥善处理，同时李震平还组织当事企业积极做了善后，从而化解了一场矛盾。而后经过几年的多方努力，市人大做了通信设施建设和维护的相关立法，使之从法制上获得了保障。

为了在社会上宣传普及相关的科学知识，澄清对于电磁辐射的各种误

解，由协会与市环保局的有关部门携手开展了通信辐射安全的宣传活动，通过进社区、进学校，实现对社会的广泛覆盖，从而使科学的知识深入人心。

  从协会退下来后，屈指算来，已离校50年，在哈工大校训"规格严格，功夫到家"的指引下，李震平成为一个乐于学习、乐于干事的人，他先后从事了机械、电子、通信等多个行业，做过工人、技术员、厂长、局长、总经理、会长。这是一个崇尚务实、努力干事的人，他认为哈工大学子就是要功夫到家，实干到位，努力为社会多做一些事情。

王存贵
HAGONGDA REN ZAI TIANJIN

HARBIN
INSTITUTE
OF TECHNOLOGY

　　王存贵，汉族，1956年9月出生于内蒙古，1978年3月至1982年1月就读于哈尔滨建筑工程学院（2000年并入哈尔滨工业大学）地下建筑专业。原任中国建筑第六工程局有限公司总工程师，现任顾问总工程师，教授级高级工程师，英国皇家特许建造师，享受国务院特殊津贴专家，住建部绿色施工技术专家，科技部专家，商务部专家，中国建筑集团有限公司专家，中国建筑业协会和施工企业协会专家，天津市建设科技委副主任、首席专家。主持完成数十项重大工程的技术工作，主持国家和省部级科研项目近20项，本人荣获国家科技进步奖2项、省部级科学技术奖17项。

卧薪尝胆　勇攀高峰

　　1978年3月至1982年1月，王存贵同志在哈尔滨工业大学（原哈尔滨建筑工程学院）学习地下建筑专业，毕业后加入中国建筑集团有限公司麾下的骨干企业中国建筑第六工程局有限公司（以下简称中建六局），从事建筑施工技术工作36年，主持数十项重大工程的技术工作，主持国家和省部级科研项目（课题）近20项，主编国家行业标准2个。其本人荣获国家科技进步奖2项、省部级科学技术奖17项。在他任总工程师期间，中建六局通过了国家高新技术企业认定。30多年的努力和付出，王存贵同志为企业的科技进步和推进行业的技术发展做出了积极的贡献。

攻坚克难，坚持不懈研发创新

　　王存贵同志所在的中国建筑集团有限公司，是全球最大的投资建筑集团企业，世界500强排名第23位，2018年合同额达2.62万亿元。改革开放以来，特别是近20年来，企业高质量快速发展，发展的主要驱动力之一是企业科技实力和竞争力的显著增强。中建六局是中国建筑集团有限公司的骨干企业，作为总工程师，对快速提升企业整体科技水平、助推企业发展负有重要责任。王存贵同志在抓科技发展规划、确定科技发展目标、制定推进措施、强力抓落实的同时，积极牵头组织承担省部级以上科研项目。近十几年来，由他作为主要负责人承担的国家和省部级科研项目近20项，如大跨度张弦网架施工技术研究与应用项目，大直径球支座制作，148米跨网架制作安装及预应力索安装、张拉、定位等成套技术达国际领先水平，该项目的研究成果在"大跨度空间钢结构预应力施工技术研究与应用"项目中作为关键技术和应用工程，荣获国家科技进步二等奖；围绕地下空间施工关键技术开展的深基坑系列技术研究成果，在"深大长基坑安全精细控制与节约型基坑支护新技术与应用"项目中作为关键技术，荣获国家科技进步二等奖。王存贵作为主要完成人为上述两个国家科技进步奖的获得做出了重要贡献。此外，滨海软土地区建筑物沉降性状与控制方法研究、橡胶集料混凝土技术研究、建筑物倾斜纠偏技术的研究、铸钢结构施工技术的研究、长江上游公铁（轨）两用钢桁梁斜拉桥施工技术研究、空间索面悬索桥施工关键技术研究等十多项技术的研究成果，均获省部级科学技术奖。依托研究成果和工程实践，王存贵同志主编《建筑物倾斜纠偏技术规程》和《铸钢结构技术规程》两个国家行业标准，编著《滨海软土地区建筑物沉降性状与控制方法研究》和《橡胶集料混凝土工程应用研究与探讨》两部专著。现在，王存贵同志正在主持"十三五"国家重点研发计划项目"超高层建筑施工安全关键技术研究与示范"第八课题"超高层建筑深基坑安全关键技术与装备研究及示范"的研究工作，主持文莱近海湿地全预制特大桥绿色建造综合技术研究与应用、超大吨位跨铁路线非对称双索面斜拉桥转体施工关键技术等5项省部级科研项目的研究工作。科研项目研究与成果的应用，对确立企业的技术优势产生了积极的作用，为建筑行业的技术进步做出了有益的贡献。

不辞辛劳，深入现场解决工程施工重大技术问题

中建六局承接的工程遍布全国各省市和海外十多个国家，其中超高层、大跨度、超深地下空间等房建工程，桥梁、隧道、地铁、铁路等大型基础设施项目，大都施工复杂，具有一定的技术挑战性，施工过程中需解决的问题多且难度也较大。要想保障施工安全、质量、速度和效益，技术是基础和关键。作为企业的技术负责人，需更多掌握和了解国内外的最新技术和发展动态，组织技术团队，创新转化应用新技术，解决施工技术难题，出成果、出效益。对企业承接的重大工程，除主持编制或审定施工组织设计和重点方案外，王存贵同志经常深入工程项目，现场解决问题。如鄂尔多斯体育中心体育场工程，一座6万座的大型体育场，建成后是全国少数民族运动会主赛场，体育场设计既体现蒙古族特色又体现现代感，造型为抽象马鞍形，竖向结构采用外倾大斜柱，屋面钢结构不等标高大悬挑（最大悬挑65 m），且与柱顶刚性连接，有专家称施工难度堪比北京的鸟巢。王存贵同志高度重视该工程方案制订和实施过程控制，在关键施工节点多次到现场，组织解决了千米长弧形钢筋混凝土基础裂纹控制、大倾角柱爬模施工质量控制和大悬挑钢结构安装精度、变形控制等重大技术问题。该工程荣获工程质量最高奖鲁班奖和中国土木工程詹天佑奖。又如天津永定新河入海口特大桥，主跨为160 m钢筋混凝土变截面箱梁，主跨水中墩柱承台施工的基坑开挖面积约1 500 m^2，水深6~8 m，基坑开挖深度为河床下10 m。经过全面分析，王存贵同志提出采用接力式拉伸钢板桩加水平撑的支护止水结构，这一创新支护结构成功实施后，较投标时采用的双壁钢沉箱围堰，工期缩短近两个月，成本降低近千万元。再如阿联酋迪拜某工程，地下室局部下沉预应力顶板出现问题，王存贵同志赶赴现场，在认真查看现场并全面分析后，明确指出问题发生原因是设计的结构平面布设不合理

和预应力节点构造有误，非我方施工原因，并提出了解决方案，得到相关方认可，避免了我方的重大损失。多年来王存贵同志主持数十项重大工程的技术工作，产生了显著的经济和社会效益。

全力以赴，做好国家高新技术企业认定工作

随着企业高质量快速发展，企业的整体科技水平显著提升，积累形成了包括国家和省部级科学技术奖、国家级和省部级工法、发明专利和实用新型专利、主编和参编的国家行业标准等一大批科技成果，企业科技创收占比大幅提升。2011年，王存贵同志提出全力以赴，力争三年内实现中建六局进入国家高新技术企业行列的奋斗目标。要实现这一目标，除了各类科技成果需大幅量化增加外，还需企业生产、商务合约、财务、人力资源等业务系统密切配合联动，科学归集大量数据资料，工作量巨大。王存贵同志作为高新技术企业认定准备的责任人，付出了大量心血，在带领团队完成好科技系统各项指标的同时，进行了大量内外部的协调沟通工作，一步一个脚印，扎实推进工作开展。针对最初政府相关部门对建筑施工科技含量不够了解的情况，他潜心对高新技术企业居多的电子、生物、制药、机械制造等行业的科技含量与建筑施工的科技含量进行了对比分析，用工程数据说话，用工程施工案例说明建筑施工不仅具有科技含量，而且成果应用产生的经济效益和社会效益显著，得到政府相关部门的理解和认可。经过企业上下的共同努力，中建六局于2013年顺利通过了国家高新技术企业的认定。高新技术企业认定的准备过程，是企业科技水平大幅提升的过程，高新技术企业成功认定，为企业持续高质量发展，提供了更加有力的支撑。

在谈到取得的成绩和为企业及行业做出的贡献时，王存贵同志总是这

样讲："是中建六局这个大平台好，又赶上了我国建设发展的好时期，成绩是团队共同努力的结果，如果说我有一点成绩，有一点贡献，那是因为大学期间母校给予我扎实的理论基础和从老师身上学到的严谨的思维方式及认真的工作态度，是因为企业上下对我的信任和支持，感谢母校，感谢企业。"

陈建萍

哈工大人 在天津 HAGONGDA REN ZAI TIANJIN

　　陈建萍，汉族，1965年11月出生于江西萍乡市，1984年就读于哈尔滨工业大学动力工程系流体传动与控制专业，任中船重工集团公司第七〇七研究所副所长（副厅局级），现任中国船舶集团产业发展部副主任。荣获中船重工集团有突出贡献专家、江西省学科学术专业带头人、天津市新型企业家等称号。任天津大学特聘研究员、国家液标委委员、污染控制分标委副主任委员。

筑军民融合事业新辉煌
而今迈步从头越

走向深蓝的共和国海军2019年4月23日迎来了成立70周年的纪念日，海军舰艇、核潜艇每一次接受检阅，每一次试验，每一次远航，都让中国船舶重工集团公司第七〇七研究所副所长陈建萍心潮澎湃。作为惯性导航和舰艇操控装备研究所的一名成员，陈建萍深知舰艇每一次执行任务都是对舰艇操控装备的综合考验，关乎国家和军队的荣誉，关乎全体艇员官兵的生命安全。近年来，走上领导岗位的陈建萍服从组织安排，离开潜艇操控系统研发工作，他积极响应党中央和习主席的号令，勇担七〇七所科技强军、兴军和军民融合产业发展的历史重任，开辟七〇七所军民融合科技产业创新发展的新天地和新辉煌。

强军使命，责任担当

陈建萍1988年毕业于哈尔滨工业大学流体传动与控制专业，被分配到中国船舶工业总公司第七研究院第七〇七研究所，从事潜艇、核潜艇操控技术中液压污染控制技术的研究和开发工作。液压污染控制技术是一门集液压传动与控制、摩擦与磨损学、润滑学、材料学、胶体物理化学等多学科和学科交叉的新型学科，在20世纪80年代，我国液压系统污染控制技术领域的研究与开发，与国外的先进技术差距较大且交流甚少，陈建萍知难而上勇挑重担，经过不懈的努力，在我国液压系统污染控制领域取得了不俗的成绩，其参与和见证了中国液压系统污染控制技术的成长，成为我国较早一批液压系统污染控制技术的研究专家和开拓者之一。陈建萍凭借着扎实的理论和实践功底，解决了液压系统中微小颗粒长期侵蚀造成舰船液压系统故障率高等一系列技术难题，使七〇七所研制的液压系统污染控制装备成为高精度、高性能、高可靠、长寿命、动态特性高的海军舰艇装备。每当设计和研发工作遇到技术难题的时候，陈建萍就会想起母校哈工大"规格严格，功夫到家"的校训；每当管理工作中遇到困难，陈建萍会秉承"铭记责任，求真务实，海纳百川，自强不息"的哈工大精神，去解决工作中的一个又一个困难，去攻克前进路上的一个又一个障碍。

由于在专业技术领域的突出贡献和取得的成绩，陈建萍先后被评为中国船舶重工集团公司优秀青年科技工作者、江西省学科学术和技术带头人、中国船舶重工集团公司有突出贡献专家。目前，陈建萍担任科技部在库专家、全国液标委委员、全国液标委污染控制分技术委员会副主任委员、中国机械工程学会流体传动与控制分会委员、中国机械制造工业协会电子分会第二届理事等多项职务。

不畏艰险,勇于开拓

陈建萍是七〇七所较早从事军民融合科技创新产业发展的开拓者和带头人之一。新时期军民融合已上升为国家战略,他时常告诫从事科技创新工作的同志,虽然道路艰险但大有可为,"莫愁前路无知己,天下谁人不识君",他带领一班人在军民融合道路上披荆斩棘。

陈建萍先后担任中国重工股份九七科技公司总经理、董事长,在他的带领下,公司的产品从滤油器、滤芯、电子皮带秤,扩展到液压系统、静态秤、油站、燃油净化装置、离子滤器等二十多个品种上千种规格型号。过滤器、燃油净化装置、离子滤器等产品,已全面装备海军各主战水下、水面舰艇,部分产品出口到印度、巴基斯坦、苏丹等国家,产生了巨大的社会效益和经济效益。

陈建萍在担任中国重工股份天津七所高科技公司董事长以后,着手解决公司发展的瓶颈问题,使公司有了质的飞跃和变化。他强调必须从"战略引领、技术创新、市场营销、精细管理、组织架构、流程再造、服务保障、文化建设"等方面进行全面改革,把"做好企业、造福员工、回报社会、报效国家"作为公司的使命,把"把客户服务好,把员工照顾好,把公司经营好"作为公司的责任。陈建萍与公司员工一道,围绕"专注、专业、专家"专注客户的需求,提出做强做优主业,打造、培养自己的专家团队,精准定位,系统梳理,静心反思,将七所高科公司团队打造成了一支像"军队一样纪律严明、作风优良,像学校一样授业解惑、人文关怀,像家庭一样和谐友爱、互帮互助的公司团队"。在国内实体经济增速放缓,经济下行压力持续增大的形势下,七所高科公司逆势上扬,公司新签合同、销售收入、利润总额均创公司成立以来新高,增幅达 25% 以上。

主动作为，再续辉煌

陈建萍作为七〇七所分管军民融合产业发展的副所长，引领和倡导七〇七所军民融合科技创新产业发展方向。陈建萍深知开展军民融合科技创新发展工作，必须瞄准前瞻需求，实施重大创新工作目标开展工作。在他的主导和带领下，七〇七所的"自主安全激光打印机和激光扫描模组"、"工业机器人RV减速器"、智能无人艇、智能驾控系统、外骨骼机器人、微特电机等一大批军民融合产业化项目，在国防科工局、科技部、国家海洋局、天津市科技局、天津市工信局、江西省科技厅等政府部门成功申报科技创新重大专项，为项目在技术上取得进一步重大突破奠定了基础，创造了条件。

陈建萍与科研团队一起用剥笋的方式，研究解决技术研发工作中存在的问题，确保技术路线和方向正确。"工业机器人RV减速器"项目攻坚克难，先后突破数学模型、误差分析、运动仿真测试方法等关键技术与工艺，经国家机器人检测与评定中心的检测，RV减速器在传动精度、回差、使用效率三大关键指标上已达到国内先进水平，接近国际水平。"自主安全激光打印机"作为国防科工局军用技术推广项目，已通过国家保密局科技测评中心的正式适配测评及保密测试，取得了3C和节能认证，具备打印全生命周期的安全防护功能，在驱动泄密、网络泄密、无线传输泄密等方面具备防泄密功能。七〇七所研发的军民融合海洋装备系列产品，在智慧海洋工程、深海空间站等领域得到应用；智能无人艇突破多项关键技术，具备了海军竞研条件。

结束语

陈建萍在工作中时常回顾自己在母校哈工大的学习和生活，常说"在校四年，受益终身"，要用哈工大的"校训"和哈工大的"精神"，指导自己从事军民融合科技创新产业发展工作。陈建萍以"九层之台起于累土，千里之行始于足下"的准则，勇于面对困难，敢于迎难而上，以一个共产党员百折不挠的精神，努力践行为七〇七所军民融合科技创新发展事业不懈奋斗，为国家国防建设努力工作，在新时代实现自己的人生价值。

哈工大人 在天津

刘树东
HAGONGDA REN ZAI TIANJIN

HARBIN INSTITUTE OF TECHNOLOGY

　　刘树东，男，1965年出生，黑龙江哈尔滨人，2001年在哈尔滨工业大学获通信与信息系统博士学位，曾担任哈尔滨工业大学微波研究所所长、齐齐哈尔大学通信学院院长等职务，现任天津城建大学计算机与信息工程学院院长，教授，研究生导师。刘树东长期从事网络通信与物联网技术、嵌入式技术及其应用等领域研究，先后获国家科技进步二等奖1项、三等奖3项，部、委一等奖5项；发表论文100余篇，其中1篇获省科协、国家级学会优秀论文奖；主持"863"课题、天津市重大专项、军工项目等科研项目20余项，科研经费达5 000余万元。曾获哈尔滨市优秀科技工作者，省、部级优秀教师等称号；2017年荣获天津市五一劳动奖章。

电子与通信的逐梦人

在天津城建大学的校园里,有这样一位"出镜率"很高的老师:他身材高大,率性真诚,说话间带着东北人特有的豪爽劲儿,经常出现在学生课堂、宿舍、实验室以及学术研讨会等各种场所;他亲而不犯,威而不怒,一言一行以身效范,备受师生爱戴;他爱岗敬业,以校为家,办公室的灯总是亮的;他事无巨细,亲力亲为,楼道厕所漏水这些别人没关注到的小事,他会亲自联系维修解决;他壮年豪志,多年来始终坚守在科研和教学第一线,凭借对教育事业的热爱和对学术科研的执着追求,深深影响身边的广大师生。他就是天津城建大学计算机学院院长刘树东。

求学哈工大 结缘电子与通信

1982年夏天,年仅16岁的刘树东怀揣着对知识的渴望和对大学的憧憬,以优异的成绩考入哈尔滨工业大学无线电工程系,成为班里最小的本科生。"我与哈工大的渊源颇深,我爷爷当年从山东闯关东来到哈尔滨,就在哈工大做技师,哈工大主楼上的五角星都是爷爷参与制造的。我是在哈工大校园里长大的,我的大学梦从这里开始。"就在这样的环境影响下,刘树东与哈工大正式结缘,这是刘树东在科学道路上孜孜不倦、上下求索的起点。

每当回忆起在校园读书的情景，刘树东总是用"美好"二字来形容。当时哈工大的图书馆藏书非常丰富，在浩瀚的知识海洋里，刘树东第一次感受到电磁场与电磁波的迷人魅力。"我始终对母校的培养心怀感激之情，那时改革开放没多久，娱乐方式很单一，阅读就成为学生最大的乐趣，我们很珍惜读书机会，会经常去图书馆读书。"

"登高而招，臂非加长也，而见者远。"凭着对科学知识的热爱和渴求，本科毕业后，刘树东又先后考取了哈工大无线电工程系电磁场与微波技术专业硕士研究生和通信与信息系统专业博士研究生。博士研究生期间，师从著名战术导弹武器指挥系统专家张乃通院士和贾世楼先生。

当时国内的战术导弹武器指挥系统还处于初创阶段，很难满足实战需要，很多新型号的系统研制与列装刻不容缓。恰逢博士入学时，导师正在筹备课题组组建，凭借扎实的微波理论功底与超强动手能力，刘树东被选入实质性课题组，接触到了业内最前沿、最尖端的技术。这个时期的学习经历为他以后的科研工作带来了很大助益。

"哈工大积极进取的学习风气，孜孜不倦的求索精神，始终激励着我不断向前，不敢有丝毫的懈怠。"多年来，刘树东始终传承和践行着哈工大"规格严格，功夫到家"的精神，用实际行动诠释着哈工大人的执着追求。

从哈尔滨到天津　漫漫科研创新路

一直以来，刘树东对待科研工作近乎痴迷，为了在自己研究的领域更深入地走下去，解决更多难题，他几乎不给自己休息时间，有时都已经熄灯了，突然冒出一个想法来就立刻起身继续工作。正是这种执着的劲头，使得刘树东在短暂的时间里就取得了显著的科研成果。刘树东带领科研团队在我国领先研制出MPT1327集群移动通信系统并得到应用，打破了国外垄断我国专用通信系统市场的局面，成绩显著，并因此荣获1999年国防科工委科技进步一等奖。与此同时，他参与研制了HY-2海防战术导弹武器指挥、控制数据通信系统并得到推广应用；主持研制成功机-舰（地）数据链，成果转化成装备；研制051G3旗舰编队指挥系统项目一次性验收成功，使国内战术导弹武器指令、控制、数传通信系统实现了更新换代，于2000年荣获国家科技进步二等奖。

2009年，由于工作需要，刘树东调至天津，任天津城建大学计算机与信息工程学院院长。工作的变动并没有中断科研之路，他很快就找到了不同角色互通的平衡点，在做好行政事务的同时，依然潜心科研，勇于创新。他打破学院固有的院系专业结构，提倡课题组建设，组建青年教师科研团队，在通信与人工智能机器人领域继续探索，集中力量攻坚。2014年，刘树东主持了高技术研究发展计划（"863"计划）子课题"高铁机车转向架

刘树东带领师生与企业进行科研合作

自动化装配线－智能生产管理系统"项目，2016年，他主持完成"面向服务与公共安全的网络机器人研发及示范应用"天津市机器人重大科研专项。机器人科研团队荣获2016年学校"五比双创""教工先锋号"荣誉称号。《关于消防网络机器人技术的科技成果转化建设》获得2017年天津城建大学科技成果转化奖励专项资金。

一项项傲人的科研成果背后是甘于寂寞的精神和坚强毅力的支撑。对于刘树东来说，科研工作没有捷径可言，只有瞄准目标，坚持不懈，才有可能啃下更多的"硬骨头"。

学院老师们谈到对刘树东院长的印象，大多数都会提到一个词：勤奋。有位刚入职的年轻老师曾经讲过："有一次晚上十点多去单位取落下的手机，结果发现刘院长还在办公室！"后来她才知道，电信楼414的灯总是亮到很晚，连楼下的保安都知道，那是院长在加班，不会去打扰他。但是对于

刘树东参加学术交流研讨会

刘树东来说,"现在做得远远不够,今后还有很长的路要走"。

从专业课教师到班主任　潜心教学育桃李

除了学科带头人、学院院长的身份,刘树东还有一个最重要的角色,那就是专业课教师。他承担"军事通信理论"等多门本科生和研究生专业课,工作多年,始终坚持上讲台,为学生上课。生动的案例,幽默风趣的语言,活跃的课堂气氛,使得晦涩的知识变得简单。在他的课上,几乎没有逃课的学生,反而还会有不少来蹭课的学生。

刘树东所带的研究生,经常说自己享受着博士生的待遇。他指导研究生参与科研项目,对每位研究生的科研情况和进度都了如指掌,并且亲自为学生修改论文。他所带的研究生每篇论文上都有他用红笔做的修改标记。目前,刘树东培养的已毕业的研究生30余人,他们在各自的领域已然初有建树,却都不忘时常回来看看这位带领他们求知探索的引路人。

不计辛勤一砚寒。不管行政和科研工作多么繁重,刘树东始终坚持担

刘树东与天津城建大学计算机学院优秀学生合影

任班主任。"班级学生的花名册就放在手边,有空了就翻一翻,熟悉一下孩子们的情况。"找想家的学生谈心唠家常,给高数挂科的学生考前辅导,给快毕业的学生张罗着推荐工作,给经济困难的学生"悄悄的"资助。有一年,刘树东所带的班级有位学生家里经济上遇到困难,学生日常生活很拮据,靠在学校勤工助学赚取生活费和学费。刘树东得知情况后,为了帮助学生渡过难关,联系学校相关部门,自己掏钱提高学生的补贴,就这样坚持了一年。这位同学现在已经顺利毕业并考上了国家公务员,还会经常跟刘树东保持联系,聊聊工作生活,却从来不知道自己当时勤工助学的岗位补贴增加是因为自己班主任的帮助。

牢记使命担当　匠心铸就逐梦人

迈上学问之途四十载,马不停蹄探索科研真谛;踏上任教之路十多年,兢兢业业传递知识薪火。刘树东不仅以自己严谨勤奋的态度在科学领域做出卓越成果,更以率真的人生态度诠释了一个教师的人格魅力。一分耕耘一分收获,这种对待教学、科研一丝不苟的工作态度也使刘树东于2017年荣获天津市五一劳动奖章。

心怀家国,责任在肩。对于科研道路的选择,刘树东把国家需求摆在了首位。"20世纪80年代,正值改革开放初期,那时科学方兴未艾,我们的理想受社会环境影响,就是想为祖国做贡献。我当时报考哈工大无线电工程系时,甚至不了解无线电到底是干什么的,以为无线电就是'戏匣子',毕业以后就是设计制作'戏匣子'的,进了哈工大才发现了更广阔的天空。我和电子通信属于'先结婚后恋爱',只要国家需要,我就要干好。"

虽然学术成果斐然,刘树东却依然步履不停,时刻保持着对技术的敏锐性。他总是说:"计算机更新换代太快了,不学习不是停滞,而是退步。

刘树东获得2017年天津市五一劳动奖章

现在的年轻人也要不断更新知识,跟着时代要求走,跟着国家的步子走,以国家需求引领发展方向。"

一代人有一代人的使命与担当,唯有永不止步的求实发展,才能不断追求真实的科学规律,永远不落伍。这是他工匠精神的写照,也是对哈工大人精神最好的诠释。

哈工大人 **在天津**

房丰洲
HAGONGDA REN ZAI TIANJIN

HARBIN INSTITUTE OF TECHNOLOGY

　　房丰洲，1994年于哈尔滨工业大学获工学博士学位。现任天津大学精密仪器与光电子工程学院教授、长江学者特聘教授、"973项目"首席科学家，国际纳米制造学会（ISNM）首任主席、国际工程与技术促进会（AET）主席、纳米制造与测量（NMME）国际期刊主编。1982年参加工作，长期从事制造基础理论和应用的研究与开发。

从冰城夏都到渤海明珠
——津门的哈工大人房丰洲

  房丰洲教授长期从事制造与检测领域的基础理论研究，在加工机理尤其是超精密加工和微纳加工基础研究及相关关键技术的应用开发方面取得了突出的成就。他是国际上最早开始研究光学自由曲面制造基础理论、工艺和应用的研究人员之一，作为项目的首席科学家和负责人，他先后承担了国家自然科学基金重点项目、国家"973"项目、国家"863计划"项目及国家重点研发计划项目。近年来，他先后发表学术论文300余篇，获得发明专利50余项，应邀在国际制造领域的相关学术会议及国内外高校发表大会做主题报告或特邀报告110余次，其研究成果受到了国内外同行的高度评价，提升了我国制造与检测技术的研究在国际同领域的影响力。由于房丰洲教授在学术研究方面取得的成就，他先后被评选为国际纳米制造学会 Fellow、国际工程与技术促进会 Fellow、国际生产工程院 Fellow 和制造工程师学会 Fellow，并获得 2015 年 SME Albert M. Sargent 奖，该奖项每年颁发给一位在国际制造领域做出杰出贡献的研究人员，以表彰他们在制造领域所做出的卓越贡献。由于房丰洲教授在制造领域的学术影响，他曾被选举为国际生产工程院理事及制造课程体系建设委员会主席。

醉心加工制造，逐梦冰城工大

在多年的工作、交流和访问中，房丰洲教授曾到访过国内外的诸多名校，其中不乏人们耳熟能详的世界一流大学。但每当回忆起大学生活，他总是真诚地表示自己当年受到的是自己认为最好的大学教育。

1978年，即恢复高考的第二年，房丰洲考入了黑龙江矿业学院（黑龙江科技大学前身）。那时的大学刚刚陆续恢复正常的教学状态，老师们把全部的精力投入到教育教学上，学生们也把全部的精力用在求知学习上。四年的大学时光对于房丰洲来说是一段不曾虚度的年华，每一分钟他都与书籍为伴、与知识畅谈，醉心加工制造，潜心实验研究。多年后，房丰洲重回母校，回忆起曾经的自己，他欣喜地表示能拥有如此充实的大学时代是自己的幸运。"年年岁岁花相似，岁岁年年人不同"，握着当年老师陈政国、梁荣锷、赵福生充满岁月痕迹的双手时，他的思绪常常会飘回大学的课堂，仿佛仍在聆听老师的谆谆教诲。那时，切削原理及刀具设计是制造专业的主要专业课之一，陈政国老师严谨的教学方式和结合实际生产的生动分析让房丰洲至今难忘，春风化雨间便让他心中兴趣的种子破土萌芽，正是从那时起他对切削这一制造领域的主要加工技术产生了浓厚的兴趣，从此醉心加工制造，几十年后的今天也依然将切削作为主要的研究方向之一。

兴趣的幼苗在知识的浇灌中不断成长，年轻的房丰洲凭借着对制造领域加工技术的热忱，一往无前地将青春投入了制造领域的研究之中。1983年，房丰洲在重庆大学梁锡昌教授的指导下开始从事复杂曲面磨削的研究，让房丰洲没有想到的是，这一项最初的科研兴趣和科研课题他一做就是几十年。

醉心于切削技术的房丰洲，在博士研究生阶段来到了冰城哈尔滨，去追逐自己更大的梦想。在被同行亲切地称为"中国第一刀"的哈尔滨工业大学袁哲俊教授的教导下，房丰洲开始了在哈工大的科研时光。袁教授知识渊博、视野开阔，对制造领域的前沿发展了解清晰，在切削研究领域造诣深厚，能够师从袁教授让房丰洲感到非常幸福。每当房丰洲回忆起在哈工大跟随袁教授求学的日子，总会忆起一件温暖了时光的小事。犹记得那是一个温暖的午后，花了几个月时间对超精密机床在线测量系统研究现状和发展趋势进行调研和思考的房丰洲满怀信心地站在袁教授办公室向老师汇报自己的想法，结束时袁教授肯定了他的努力付出，还进一步向他介绍了现有测量系统的不足之处和今后发展的可能方向。后来他才知道自己整理的内容其实早就是袁教授所熟知的，袁教授是希望他能自己去探索测量这个神秘的世界。这件小事启发了青年的房丰洲，让他对加工中相关测量系统的研究萌发了兴趣。

哈工大的求学让房丰洲从加工制造走到了精密测量，在开展超精密加工技术研究的同时，他越来越感觉到了测量的重要性。1994年，怀揣着对测量研究的兴趣，他来到了海河津门，步入了中国第一所现代化大学——天津大学的校门，在张国雄教授的指导下开始了博士后的学习。张教授治学严谨、思维敏捷，其研究成果在国际测量领域有着重大的影响。在他的严格要求下，房丰洲更加注重科学研究的每个细节，精益求精地进行科研实验。直到现在，房丰洲依然坚信在提高科研水平上起核心推动作用的往往是对每一个细节的精细把握，"致广大而尽精微"就是对像房丰洲这样精益求精的科研工作者和授业者的最佳描述。

怀揣家国情怀，塑造祖国栋梁

房丰洲教授潜心科研的同时也不忘祖国的发展。随着科技革命的深入推进，先进的制造技术是一个国家工业强大的基础，过去几十年中国在先进制造领域较西方发达国家一直处于劣势地位，严重阻碍着中国的经济社会发展。为了突破技术难关，实现伟大复兴，房丰洲教授于2005年结束了海外的工作，回到了阔别已久的天津，在天津大学组建了微纳制造实验室（MNMT），为祖国科技的创新发展和培养科研有生力量贡献着自己的力量。

实验室成立之初，房丰洲教授与同事一道从点滴做起，专注于实验室的建设。他常常通宵达旦，只为不耽误科研进度，实验室成了他的第二个家。"有志者事竟成"，在房丰洲教授的带领下，经过十多年的不懈努力，MNMT已发展成为国际微纳制造研究领域的代表性实验室之一。由于享誉国际制造领域，房丰洲教授于2016年受爱尔兰都柏林大学邀请组建了都柏林大学微纳制造中心，该中心的发展又一次受到了国际同行的高度关注。由于前期的多年积累和近几年的不断努力，该中心已成为生物制造、光学制造和原子及近原子尺度制造领域的主要研究机构，提升了中国制造在国际制造领域的认可度，使中国制造真正走出了国门、走向了世界。家国情怀是天津大学的精神品质，房丰洲教授虽从未言明此话，但他却身体力行地展现了其中的深刻内涵，时刻感染和激励着与他一同奋斗的人们。

身为一名教师，投身科研创新的同时，房丰洲教授不忘教师的职责，在校园里塑造着祖国的栋梁之材。尽管科研工作繁忙，房丰洲教授还是始终把促进青年教师和学生的成长作为自己最重要的责任。在MNMT成立的同一年，房丰洲教授就发起和组织了我国制造领域最早的系列国际交流活动——微纳制造系列论坛。这项国际交流活动使得学生能及时了解制造领域的发展趋势，掌握前沿领域的研究动态，现场学习著名专家学者的研究方式和研究方法，亲身体会科研人员投身科学研究的态度与精神。他提出并组织的系列夏令营活动更是为学生提供了系统学习前沿知识的机会，加强了同领域不同学校的博士、硕士研究生之间的探讨和交流。2013年，房丰洲教授荣获天津大学"十佳好导师"荣誉称号。截至2019年，房丰洲教授共培养了百余位硕士、博士研究生，在华为、联想、中船重工等众多国内百强企业中都有他学生的身影，他们用自己的行动助推着中国的制造业发展。除此之外，在国内诸多高校的讲台上也有着房丰洲教授学生的身影，他们像自己的老师一样心怀家国，在科研创新和人才培养上挥洒着自己的青春。

"德、勤、静、精"这四个字，是房丰洲教授多年经历感悟的浓缩，亦是MNMT每位成员坚守的价值观念。它从四个角度层层递进地表达了房丰洲教授的科研精神：做学问前先学做人是根本，勤奋不懈勇于探索是途径，心无旁骛潜心学问是前提，注重细节精益求精是关键。这四字精神引领着房丰洲教授从冰城夏都来到渤海明珠，引领着他完成一项又一项科学研究，这与哈工大精神一脉相承，是房丰洲教授作为一个哈工大人的最好诠释。

（邱文珺、宋乐供稿）

马东起

哈工大人 在天津　HAGONGDA REN ZAI TIANJIN

　　马东起，汉族，1963年6月出生于内蒙古，1981年就读于哈尔滨建筑工程学院（2000年并入哈尔滨工业大学）建筑工程系，现任中国市政工程东北设计研究总院有限公司京津冀区域总部总经理兼天津分院院长。曾获东北院"先进个人"，天津滨海高新区"支持党建工作企业家""优秀共产党员"等荣誉。

妙笔生花　砥砺前行

马东起 1985 年 8 月参加工作，中共党员，现任中国市政工程东北设计研究总院有限公司天津分院（以下简称天津院）院长，兼中国市政工程东北院京津冀区域总部总经理，于 1981 年考入莘莘学子心向往之的哈尔滨工业大学，在母校度过四年宝贵的时光，留下生命中最珍贵的青春记忆。虽与哈工大契阔三十多年，每每遥想当年母校的温暖关怀、老师的谆谆教诲、同学的亲密无间，不觉萦绕于怀，恍若昨日。百年沧桑砥砺，薪火相连；百年栽桃培李，春华秋实，母校"规格严格，功夫到家"的校训、朴实严谨的学风激励代代学子上下求索，同时，感染着马东起以更出色的成绩在奋斗路上砥砺前行。

"饮其流者怀其源，学其成时念吾师。"马东起从哈工大毕业后，先后在中国市政工程华北设计研究院、天津市冶金规划设计院、中国市政工程东北设计研究总院有限公司天津分院任高级工程师、所长、院长。"扎实严谨求实，进取创新发展"的态度与追求时刻鞭策着他。多年来从事过工程技术、经营管理、项目管理、市场拓展、资本运作及公司运营管理等工作。曾参与圆明园九州景区水环境治理工程、内蒙古锡林郭勒盟多伦县城市道路建设及城区水系和水环境整治 PPP 项目、云南永仁县海绵、地下空间、综合管廊等大型国家项目工程的建设工作，为国家市政事业献计献策。

马东起自 2005 年 6 月担任中国市政工程东北设计研究总院有限公司天津分院院长以来，工作繁重，他几乎以单位为家，身先士卒，以自己的专业优势，务实敬业，奋发拼搏，敢于担当，在十多年的时间里，使天津院的业务队伍逐渐成为能在市场"红海"中打硬仗、敢于啃硬骨头、有"狼性"的团队。他秉承东北院总院经营理念，坚持"研知为新、研修为信、研功为责"的企业文化，创新思路，攻坚克难、锐意进取，取得了值得骄傲的成绩。2018 年恰逢中国城乡控股集团成立之际，他为了更好地融入中国城乡、实现全产业链服务战略落地，进一步推动集团"五商中交""一台 n 柱"的战略实施，带领全院同仁紧跟中交步伐，以京津冀为核心辐射全国，进行了大刀阔斧的业务转型探索与尝试，成绩斐然。他在业务领域硕果累累，在思想政治岗位上更表现突出，作为东北院天津院党支部书记，全面落实十九大党建新要求，严以修身、严以用权、严以律己，切实履行党建工作"第一责任人"职责。抓党建打基础，抓班子带队伍，抓亮点求突破，充分发挥了党员模范先锋带头作用，马东起先后在 2009、2010、2014、2015、2018 年被天津市滨海高新区评为"支持党建工作企业家"，在 2017 年荣获"优秀共产党员"称号。

谋事也为大家，抓经营舍小家。近两年来，天津院处于转型关键期，他为了能使院里业务在短时间内有变化、扩增量，夜以继日地忘我工作，在一次公务出差中突发疾病，经过两个月治疗，他不听医生、家人劝阻毅然决然重返单位，继续工作，克服了身体上的诸多不适，带领院内骨干对接业务 100 余次、勘察现场 80 余次、一年 100 多天奔波出差。凌晨迎月上岗，晚归月影相随，就如同年轻时跟进施工项目一样风雨无阻、日夜兼程。在他与天津院团队不懈的努力下，天津院的工作取了可喜的成绩。总结如下：

一、针对基础设施和公共服务领域的传统投资模式在当前呈现出市场化不足、严重依赖政府采购、治理结构混乱、经营短期化、过度负债无法可持续发展等各种各样的问题，马东起提出以共享共有为核心纽带，积极引入多元投融资主体，通过合理的激励结构设计，在确保政府对项目监督权的前提下，充分发挥社会资本的项目建设长期运营管理的效率优势，增强公共产品供给能力，着力于塑造市场经济体制下"股权合作+项目资产运营"的基础设施投融资创新模式，即BCO模式［建设（Building）-共享股权（Co-ownership）-合作运营（Operation）］。目前，已编写完成《BCO创新模式在政府基础设施投资项目中的应用研究》并通过专家评审。

二、为改善国内荒漠化变化趋势，及解决国内木材和林产品供应问题，马东起认为，沙柳重组专利技术的应用，即沙柳重组木对缓解我国木材安全战略具有积极意义，它不仅可以满足社会对木材的需求、促进就业和改善农牧民生活方式、增加农牧民收入和带动相关产业发展，还能起到改善土地荒漠化、防风固沙、水土保持、涵养水源的作用。目前，沙柳重组木项目正在如火如荼地推进。

三、在城市化快速推进的今天，产业结构的调整与城市的快速发展，使得传统工业退出历史舞台，大批工业建筑失去了原有的使用价值，但还占据着中心城区的土地资源，因此很多人将老厂房、老仓库看作是城市的累赘和垃圾，一个"拆"字将它们推倒，而马东起看到了它们所承载的历史内涵价值远远超过土地本身。就这样，天津陈塘庄热电厂改造项目诞生了，原址改造再利用，节约开发成本，并且为城市保留历史记忆，发挥陈塘庄热电厂区域的最大经济价值和社会文化价值。四、天津院第一个真正意义上的海外项目——阿尔及利亚埃尔塔夫（El Tarf）海水淡化项目正在稳步推进。五、为了打破设计院只做传统城市基础设施建设项目的局面，他深入研究市场形势，在业务转型升级上进行大胆尝试与探索，取得了累累硕果。他正在紧锣密鼓跟踪、运作的大型投资项目有天津市养老事业产业项目、天津宝坻国医药文化特色小镇项目、多伦古城特色小镇综合开发项目等。

抓管理不松懈，求实效谋创新。天津院的业务分布广、领域多、市场复杂，科学管理、有序安排是开展院内工作的唯一途径。他首先坚定不移地抓党建，坚决贯彻、执行中交集团的路线方针政策；从抓工程项目设计管理、市场拓展，到不断创新项目模式，他都全身心投入，攻坚克难，同时注重经济形势、行业形势方面的研究与分析，注重项目全过程管理、经济、投资和企业管理方面知识的学习，驾驭全局的能力、决策能力和组织协调能力都得到了全面的提升。他作为天津院的院长，为了使院内干部、职工队伍的凝聚力、向心力具体体现在实际工作中，放下包袱、轻装上阵，真正地形成"战斗力"，化为"生产力"，将干部、职工作为自己的亲人看待，关心备至；为了能让专业精、能力强的骨干力量发挥自我价值，他用自己的身体力行来感染团队，为团队提供不竭动力。

桃李不言满庭芳，弦歌百年今又始。百年哈工大，虽然经历坎坷而精神永存，百年历史，写满社会的发展与变迁；百年历史，印证了教育的改革与发展；百年历史，留下的是一段沉积而厚重的美好记忆。单凭她的年岁、她的阅历，就足以让人肃然起敬。她的历史积淀让亲近她的人都有种踏实感，而她培育出来的代代英才又让她永远焕发着年轻的魅力。

回顾哈工大曲折奋斗的历程，阅览前辈校友们载入史册的光辉业绩，马东起的心灵多次受到强烈的震撼，他的胸中充满豪情，不禁说道："一百年来，哈工大坚持立德树人的根本使命，坚持师德师风的第一标准，形成了'规格严格，功夫到家'的校训，培育了精神引领、典型引路、品牌带动的思想政治工作传统，涌现出一大批全国先进典型。我离开母校的三十年里，经历了许多，有失败的挫折，也有成功的喜悦。但是，在这个过程中，母校的精神始终激励着我、鼓舞着我，母校给我的教育可谓深远，让我在跌宕起伏的几十年里，依然脚踏实地、不忘初心、自在从容，始终坚定信念、砥砺前行，为行业发展和社会进步献计出力。此时此刻，我与所有校友一样，怀着一股感恩之情，感激栽培我们的老师，感激培养我们的母校。我非常留恋在母校度过的那段黄金岁月，我衷心感谢母校给我开辟了人生新天地，如果说我今天小有成就的话，母校功不可没。"

回首母校的百年发展历程，她的每一轮进步跨越、每一次腾飞奋进，无不与祖国的命运紧紧连在一起。今天的哈尔滨工业大学站在一个新的历史起点上，将努力走出一条中国特色、世界一流、哈工大规格的办学之路，为中华民族伟大复兴、人类文明进步做出新的更大贡献！

哈工大人 在天津　王念举
HAGONGDA REN ZAI TIANJIN

　　王念举，1976年5月出生，1996年9月至2000年7月在哈尔滨工业大学电化学专业学习。2000年毕业后加入天津力神电池股份有限公司（简称力神公司）。现任天津力神电池股份有限公司常务执行副总裁，兼任力神国际（美国）总经理。他通过自己不懈的努力和奋斗，一步一个脚印，从一个普通的基层工程师成长为力神公司常务执行副总裁。哈工大人"规格严格，功夫到家"的精神在他的工作中得到了充分的体现。

振兴民族产业　创建世界品牌
发展绿色能源　服务国家战略

力神公司作为国有控股的企业，必须在新能源汽车的工业变革和市场竞争中发挥领军作用，承担起振兴民族产业的历史使命和社会责任，为国家新能源战略的实施和经济转型升级，做出重要的贡献。

—— 王念举

科技引领　创新驱动

在王念举的主导下，力神消费类电池技术实现了电池化学体系从 4.2 V 到 4.35 V、4.4 V 和 4.45 V 高电压的创新提升，技术上引领行业发展。通过了 A-公司（由于和客户签有保密协议，称其为 A-公司）Gen4、Gen5、Gen6 体系平台的认证，率先通过了 DELL 700（W·h）/L 和

750（W·h）/L高比能平台的认证并量产供货。首次采用NCM811混掺锰酸锂技术，应用于移动电源方向，质量和成本具备国内领先水平和优势。在工程能力提升方面，推进卷绕、装配等工艺的优化以及设备的自动化和智能化升级，大幅降低了制造成本，提高了产品一致性。基于这些技术，实现了对于A-公司、三星、HP、DELL、LG、fitbit、富士康、华为、Google、小米等客户的强有力支持，产品涵盖笔记本电脑、平板电脑、手机、穿戴产品、移动电源等领域，综合出货量在全球消费类锂离子电池领域处于Top5地位。

市场开拓　国际高端

在海外动力市场开拓方面，王念举2008年被公司派往美国工作，很好地维护了A-公司、摩托罗拉、SBDK等客户，同时，将力神电池成功地引入DELL、HP、fitbit、Microsoft、Plantronics等消费类电子领域知名的客户供应体系中。到2013年调回天津总部任全球业务执行副总裁时，力神电池在美国的销售收入增长了7倍，超过2.5亿美金。在他的领导下，力神电池在国际高端汽车领域取得了重大突破。经过不懈努力，力神电池获得德国戴姆勒奔驰的认可，成功获得德国戴姆勒供应商体系认证，并成功拿到戴姆勒两款电芯定点，将于2021年进行量产，获得多年的供应合同；成功引进德国ElringKlinger客户，并成功拿到一款EV方形电芯定点；引进Ford客户，成功拿到客户一款PHEV模组项目的定点。他积极推进力神和戴姆勒以及大众模组项目方面的合作，争取在模组项目上可以拿到戴姆勒、大众等国际知名大客户的项目定点。在储能方面，他成功引进了美国 NEC 客户，为力神公司在美国储能市场的开拓打下了坚实的基础。积极推进和美国 NEE、IHI 等客户的项目进展以及量产供货，稳步推进力神公司在美国储能市场的拓展，使力神电池获得国际高端客户的认可，也使中国电芯在同日本、韩国电芯的竞争中，在国际高端市场上占有一席之地。

在国内乘用车市场方面，积极推进和吉利、长安、江淮等国内大整车厂的模组项目合作以及量产供货，持续拓展力神公司在乘用车方面的市场份额；在国内商用车市场方面，积极推进和宇通、中通、金龙等国内领军商用车整车厂的项目合作以及量产供货，持续拓展力神公司在商用车市场的份额。在国内储能方面，积极推进和平高、铁塔、华为的项目合作以及量产供货，持续拓展力神公司在储能方面的市场份额。

言传身教　培养团队

王念举在工作中强调工程师思维，推行 DMAIC 的解决问题方法，推进 6Sigma 质量管理理念并积极主导在实际工作中的应用，培养和锻炼了一支技术过硬的工程师队伍，为力神技术的长远持续发展做出了巨大贡献。他带领团队进行了研发和电池制造工艺技术的开发和改善工作。从工艺长远发展角度出发，组织进行了聚合物电池工艺路线的研讨并形成规划文件。规划的实施使得聚合物生产工艺流程和自动化程度得到了显著提升，生产布局更加合理，生产方式由最初的手工及单机自动化生产形式发展到具备工序自动连接的自动生产方式，同时还配套开发并导入了生产过程信息管理系统，实现了电池生产信息和性能数据的全面追溯。这期间电池极组自动卷绕、电池自动封装测试、注液自动化、热压机和 Baking 的开发、化成分容生产方式革新、1.5 mm 窄封装工艺研究、电池漏液检测装置开发等项目的改善和应用，使力神公司聚合物生产工艺达到国际先进水平。在他带领的队伍的努力下，力神具备了完整的分别适合于蓝牙电池、智能手机电池和笔记本电池的制造工艺体系，形成了力神第四代、第五代聚合物生产技术，实现了软包装、聚合物两种形式电池的量产。凭借良好的工程制造能力，力神的聚合物产品线先后实现了给 A-公司、三星、华硕、HP、DELL 等客户的量产供货，为力神公司的经营业绩做出了重大贡献。

呕心沥血　勇于奉献

王念举一直秉承艰苦奋斗的优良传统，以身作则，恪尽职守，精益求精，始终从公司整体大局出发，不断强化大局观念，学人所长、容人所短、谅人所难、认真热情、态度友善、主动倾听、不慕虚荣、不求奢华，从不计较个人得失，从不谋取私利，并严格按照加强反腐倡廉建设的精神要求，坚持标本兼治、综合治理、惩防并举、注重预防的方针，团结带领公司员工积极开展工作，增强模范遵守廉洁自律各项规定的自觉性和主动性，认认真真做人，勤勤恳恳做事。作为公司常务执行副总裁，他不辞辛苦，乐于奉献，每年有一半的时间都在出差忙业务，经常加班加点到深夜，还时刻关注员工生活，急人所急、想人所想，切实改善员工生活条件，丰富员工文化生活，提高员工生活质量，在广大干部职工中树立了为民、务实、清廉的良好形象，开创了干事创业、风清气正、团结奋进的新局面。

冯宏伟

哈工大人 在天津
HAGONGDA REN ZAI TIANJIN

HARBIN INSTITUTE OF TECHNOLOGY

　　冯宏伟，汉族，中共党员，高级工程师，1961年6月23日出生于黑龙江省伊春市，1978年10月考入哈尔滨建筑工程学院（2000年并入哈尔滨工业大学）土木工程学院就读，1982年8月毕业分配至中国建筑第六工程局，历任施工队施工员、队长、分公司副经理、构件厂厂长、局经营处副处长、海南公司副总经理等职，后转入房地产行业，分别在中房集团北京富通基业有限责任公司、中信地产天津公司、天津贻成实业集团等大型房地产企业任总工程师、副总经理等，现就职于天津市滨海城投建业投资开发有限公司，任常务副总经理。曾荣获天津市人民政府颁发的引滦入津工程三等功臣奖章、天津市青年科技新星、中国建筑总公司科技进步二等奖等奖励。2018年，被推举担任哈尔滨工业大学天津校友会副会长、土木建筑分会会长。

涓涓小溪　　汇流成河

冯宏伟，这个名字似乎就应该是一个与建筑业有关的标签。

1978年10月，幸运的他，高中应届考进了哈尔滨建筑工程学院，成为恢复高考后的第二批大学生中的一员。在哈尔滨工业大学的诞生地，沐浴了可遇不可求的哈工大文化，4年的时间，实现了从懵懂少年向有志青年的转变。

在哈工大百年华诞之际，他，已年近花甲，如果问他母校对他的影响，他一定会激动地说："无论工作还是生活，哈工大让我拥抱了美好。"

1983年，参加工作还不满一年的他，作为施工员，在中建六局承担的天津引滦入津工程的钢筋混凝土输水暗涵的施工管理中，不仅编制的技术方案被推广到其他单位应用，还在工程质量的评比中，获得全线工程质量第一名的优异成绩，被天津市政府授予"引滦入津工程三等功臣"称号。首次的惊艳亮相，让他成了"技术指导生产"管理理念转变的推广者，在还没有认识到"科学技术是第一生产力"的年代，科技进步带来的效益还是被部分企业管理者忽视的。而他，在十年的时间里，任技术科副科长时勇挑重任，实现了国内竖向预应力灌浆第一高度的成绩；任构件厂厂长时，联手天津市设计专家，致力研发预应力混凝土肋梁、方桩等产品，承揽了天津开发区绝大部分通用厂房的构件生产任务,使得企业扭亏为盈。他大胆尝试钢筋混凝土框架结构的后浇工艺,积极参与滑模工艺的推广应用。渴望走在行业技术前沿的他,也经常叹息自己做得太少,但在那已开始转型的社会里,人们还是看到了他。"中建六局小发明小创造活动金奖""中建总公司科技进步二等奖""中建总公司科协先进工作者""天津市科技新星"等诸多奖项,也从未吝惜地落在了他的头上。

1986年,在战火纷飞的伊拉克,他成为中建六局承包新辛迪亚坝水利枢纽工程上的一名管理人员,这是当时中国在海外独立承包的最大的一个工程项目,他带领9名工人,负责6座公路桥和1座铁路桥预制桥梁的生产技术管理,他不仅游刃有余地操控着世界一流的预应力技术设备,还以严谨诚信的作风,获得了伊方管理团队的高度认可和赞扬,并成为此工程项目上,中伊双方在生产和技术领域的管理者标杆。1993年,他被派到经济发展波澜壮阔的海南省,任区域公司副总经理,从中建六局经营处副处长的岗位,又回到了可以冲浪弄潮的建筑市场中。他审时度势,继往求新,高效地承揽并组织了一个20万平方米工程的施工总承包项目。1995年,

1988年在伊拉克工程工地与伊方工程师合影

当首都北京大开发突飞猛进的时候,他转向了房地产行业,成为一名高管,在房地产开发项目中,又开始了一个新的职业旅程。

14年的工程技术管理,24年的房地产开发,他常常说自己是"三中全会"的人,是党的"三中全会"改革开放的最大受益者。的确,他与"三中"还真有不解之缘,中建、中房、中信三个特大型国企,转战天南海北的从业经历,锻造了他严肃中不乏随和、谨慎细致又雷厉风行的性格、品德与作风。在现任天津市滨海城投建业投资开发公司的常务副总经理的岗位上,他一丝不苟、勤恳耐劳的工作作风,让员工们无不敬仰效仿,而亲力亲为提报的大事小情解决方案,也绝大多数得到了董事会的肯定确认。

情系母校,思源感恩。他积极投身于校友会、同窗情等活动的组织与策划工作,也从未缺席过母校举办的返校活动。"毕业十年,回校省亲""毕业二十年,同学再相聚""毕业三十年,与改革开放同庆""母校九十年华诞庆典",每一次校友的相聚重逢,都少不了他奔波忙碌的身影。"入学40年返校纪念大会"的大合影照片,在众多同学面对一张张被无情的岁月吹皱而无法认清的容颜的时候,他主动担当,在校友的协助下,用坐标序列号匹配了全体合影同学的名字、专业、班级及工作生活所在地等标签,完成了441人的"世事一影"的校友同学录,赢得了校友们的高度赞赏。

2018年9月,哈工大天津校友会面临换届改选,筹委会希望他能出马组建"哈工大天津校友会土木建筑分会"。他不推诿、不怠慢,结合母校现专业教育体系,考虑母校历史脉络,以绝不落下一个专业的标准,锁定了母校各历史阶段学习和工作过的相关专业的校友,包括无论是今天哈工大土木、建筑、环境等学院的毕业生,还是原哈建工、哈建大以及继续教育学院毕业,如今已在设计、施工、科研、教学、咨询、开发、市政、公务及公共事业等领域工作奋战的校友。"让每一位天津校友都拥有归属感"

成了他组建土木建筑分会的基本理念。他亲自起草分会的各项管理制度，收集校友信息，制订组建计划，与组委会的校友们认真研究办会方向，仅用了不到2个月的时间，就顺利召开了"校友代表大会""哈工大天津校友会土木建筑分会第一届理事会"及"土木建筑分会成立大会"，为生活、工作在天津的校友们，又搭建起了一个温暖的平台。

"以天津校友会为依托，以规划建筑、工程技术、环境环保、材料制品、开发管理、公共事业、装饰装修等专业为方向，全面梳理校友资源，利用现有的网络媒体渠道，搭建资源平台，通过开展各类的交流、联谊活动，弘扬哈工大精神与文化传统，增强天津校友之间的联系，协助校友与母校开展教学、科研、学术等方面的交流与合作，为母校与天津市之间的技术经济合作搭桥铺路，分享母校产学研成果，为校友们提供市场上涉及建筑行业领域经济技术活动的专家顾问服务，做校友们职业生涯中的一个辅助支撑。"这就是他和土木建筑分会第一届理事们，对母校及天津校友做出的第一个承诺。

2019年天津校友迎新年会上，与杨士勤老校长合影

在土木建筑分会成立大会上,马方廷老校友紧紧握住冯宏伟的手,深情地说出了天津校友的心声:"谢谢你,宏伟,你的工作,真的是'规格严格,功夫到家'了。"

哈工大天津校友会副会长、土木建筑分会会长,他的理解,就是一份责任,一项义务,一个报答母校的台阶。就像他在"土木建筑分会成立大会"上讲话中的那样:"哈工大,这个标签,让我在亮相时得到尊重,在交往中得到青睐;这个光环,让我在工作中的光芒更加灿烂,在生活中的情调更加多彩。我感激母校,校友理事们推举我担任第一届土木建筑分会会长,这不仅是对我的期望和信任,更是我报答母校、致敬校友的珍贵机会,我会全力以赴,与第一届理事会的各位理事,尽职尽责,不负重托,不辱使命,在有限的时间里,与校友们一道,共同托起母校的光环,共同打造哈工大人在天津的辉煌时刻。"

2019年天津校友迎新年会上,与校友总会副会长景瑞合影

哈工大人 **在天津**

刘振刚
HAGONGDA REN ZAI TIANJIN

HARBIN
INSTITUTE
OF TECHNOLOGY

  刘振刚，1993年毕业于哈尔滨工业大学金属材料及其热处理专业，工学硕士。现任应急管理部天津消防研究所、应急管理部消防救援局（原公安部消防局）天津火灾物证鉴定中心（以下简称"物证中心"）副主任、研究员，主要从事汽车火灾和电气火灾的鉴定与研究工作。兼任国务院安委会专家咨询委员会消防专业委员会专家、中国消防协会火灾调查专业委员会委员、全国标准化技委会火灾调查分技委会委员、国家质检总局缺陷产品管理中心（以下简称"缺陷中心"）汽车缺陷产品调查与鉴定专家、全国汽车三包专业技术委员会委员、天津市火灾事故调查专家组成员和山东交通学院客座教授等职务，多次荣立天津市公安局个人三等功和获得个人嘉奖。

孜孜不倦确保消防安全路

世界质量先生菲利普·克罗斯比有言："凡不符合项都有原因,凡产生之事皆可预防。"意思是说,要通过检验把坏的挑出来,并促成企业在设计环节的质量改进。这正是检测与鉴定机构的价值所在。现实生活中,一旦发生安全事故,检测与鉴定机构往往充当"救火"角色,既要为消费者负责,也要为企业进行技术改进提供技术支撑。

《产品安全与召回》12月刊的专访人物刘振刚就是一位从业二十载的汽车火灾和电气火灾的鉴定专家,完成了超千起国内汽车火灾及缺陷汽车调查与鉴定工作。恰逢首届中国汽车安全与召回技术论坛在天津召开,记者与他相约会场,揭开他与汽车火灾鉴定、缺陷汽车召回调查、汽车三包的故事。

事业起步于沈阳消防研究所

刘振刚于1993年在哈工大硕士研究生毕业,首先在公安部沈阳消防研究所(现为应急管理部沈阳消防研究所)、公安部消防局(现为应急管理部消防救援局)火灾物证鉴定中心科研与鉴定工作第一线,专业从事电气火灾预防技术和电气火灾成因规律及其鉴定技术的研究。2002年9月他被破格聘为副研究员，在此期间，作为主研人先后参加完成了六项部级科研项目。其中公安部重点科研项目"从微观形貌鉴别电气火灾原因的方法研究"于1997年获公安部科技进步二等奖。参与完成的"建筑物电气火灾起火部位和火因分析专家系统"项目，于1996年通过了公安部组织的鉴定。公安部项目"铜导体熔痕表面微区成分分析的鉴定技术"获公安部科技进步三等奖。科技部项目"电气火灾综合鉴定技术的研究"获公安部科技进步三等奖。

在完成各项科研项目的同时，刘振刚能够将科研成果和专业知识及时地与实际火灾原因技术鉴定和现场勘查工作有机地结合起来，经过多年来的努力钻研和实践锻炼，技术水平和业务能力迅速提高，具有较强的分析问题和解决问题的能力，能够承担重特大疑难电气火灾原因技术鉴定和现场勘查工作，参加国内特重大疑难电气火灾残留物技术鉴定与调查达500余起，其中较有影响的有：北京隆福大厦火灾、吉林银都夜总会火灾、乌鲁木齐凤凰时装城火灾、广东汕头金沙邮电大楼火灾、北京玉泉营环岛家具城火灾、鞍山百货大楼火灾、山西繁峙县义兴寨金矿区爆炸事故、山东淄博百货大楼火灾、山东青州肉食加工厂火灾、河南洛阳东都商厦火灾、浙江台州三叶摩托车制造厂火灾、山东即墨市正大集团加工厂火灾等。

事业深耕发展于天津消防研究所

根据工作发展需要，刘振刚与妻子张丽于2003年5月一同调入公安部天津消防研究所（现为应急管理部天津消防研究所）工作。张丽是哈尔滨工业大学管理学院工业会计专业毕业，现任天津消防研究所审计室副主任，主持日常工作。就职天津以来，刘振刚已承担或参加完成国家级项目2项、部级项目6项、局级项目2项；编制国家标准3项、行业标准2项。获公安部科学技术二等奖1项、三等奖3项，公安部消防局奖3项；获得国家实用新型专利1项。出版专著《汽车火灾原因调查》1本、参编著作1本。在国际国内学术刊物或专业学术研讨会议上共发表学术论文31篇。负责并参加国内重特大疑难电气火灾物证技术鉴定2 000余起，受全国消防机构和法院的邀请或委托，参加各种重特大疑难火灾的现场调查300余起。

汽车火灾原因种种

"引发汽车火灾的原因，一是汽车本身原因，二是汽车外部原因。汽车本身原因有电气故障、油品泄漏、机械故障、摩擦生热、进排气系统因素、操作不当失火等；汽车外部原因有放火、遗留火种、外来飞火、物品自燃等。其中，电气故障引发火灾数量占车辆本身原因引发火灾起数的80%以上。"谈起汽车火灾，刘振刚向记者娓娓道来。

近年来汽车火灾频发，刘振刚认为主要有三方面原因。首先，汽车自动化、智能化程度越来越高，电路传感器大量使用，增加了汽车载荷及线路的复杂性、元器件的不稳定性。其次，整车厂要降低成本，配套零部件供应商也要随之压缩成本，如果监管不严，就可能会出现"偷工减料"现象。再次，与我国越来越高的汽车保有量有很大关系。

2003年，刘振刚进入天津物证中心，不仅负责汽车火灾的鉴定与研究工作，还主导建立了电气火灾鉴定类别，进一步扩展了物证中心的鉴定范围。

作为一位从业20多年的"老司机"，刘振刚强调："汽车火灾对社会公共安全的危害毋庸置疑。现实生活中，很多车辆停靠在地下车库、房屋

被烧毁的汽车残骸

内部等不同场所,一旦车辆起火,烧毁的可能不仅是一台车,还可能会导致其他车辆起火、房屋倒塌甚至人员伤亡,企业与消费者都应该给予足够的重视。"

技术支撑汽车火灾调查

随着我国汽车工业高速发展,汽车火灾大量发生,由此引发的社会矛盾也愈发突出。而且我国汽车火灾调查在现场勘查及物证鉴定等方面还存在薄弱环节,急需技术支撑。2004年,刘振刚作为项目负责人申报了公安部重点科研项目——"汽车火灾现场勘查及物证鉴定技术的研究"(以下简称"汽车火灾鉴定")。

"汽车火灾鉴定"是国内首次综合性地开展汽车火灾现场勘查技术、物证提取技术和物证鉴定技术的研究。据刘振刚介绍，该项目历时两年多，在查阅大量国内外技术资料的基础上，根据汽车各部件构造特点，研究和总结了引发汽车火灾的各种引火源，系统地提出了汽车火灾危险性分析报告。同时通过汽车实体放火火灾、电气火灾等模拟实验，结合大量实际汽车火灾案例调查分析，深入研究了汽车火灾形成机理及燃烧蔓延特性规律，采用多种技术检测手段，制成了大量物证样品的图谱和线谱，建立了相关的技术判断。

"汽车火灾鉴定"项目获得2008年公安部消防局科技进步一等奖，2009年公安部科技进步三等奖。"实践证明，该项目研究成果很好地解决了汽车火灾调查中现场勘查、物证提取和物证鉴定等技术难题，为实际汽车火灾原因认定工作提供了强有力的技术支持。自课题研究以来，天津消防研究所火灾物证鉴定中心受公检法等部门委托，处理各类汽车火灾2 000余起，及时、有效地解决了由汽车火灾引发的民事纠纷和刑事案件，社会需求十分强烈，受到消防、刑警、法院、生产厂商、保安公司和广大用户的欢迎和认可，具有重大的社会效益和经济效益。"刘振刚总结道。

建立电动汽车火灾调查方法

刘振刚指出："传统汽车的着火概率为两万分之一到万分之一，电动汽车由于保有量较少，即使出现一些事故，厂家也可能会自己消化，因此目前电动汽车着火概率还低于传统汽车。但未来随着保有量的增加，电动汽车起火事故会越来越多，很多新的问题也会暴露出来，汽车生产者应该给予高度重视。"

鉴于社会及产业发展需要，2012—2014年，公安部天津消防研究所承担完成了公安部应用创新项目"电动汽车火灾危险性及其鉴定技术"，刘振刚为项目负责人。据介绍，该项目研究针对电动汽车火灾物证多以高压线路短路熔痕为主的特点，总结了电动汽车的电压规律，制作了可调式直流电路短路熔痕模拟实验装置，通过大量的实验，制备了近千个熔痕样品，系统研究了电动汽车与内燃机汽车火灾线路短路熔痕性质判定区别，明确了电动汽车高压线路熔痕性质的技术判据。同时，在全面系统分析电动汽车火灾危险性基础上，参考短路模拟实验的数据，对比传统内燃机汽车火灾的调查方法，结合电动汽车的电气原理和构造特点，建立了电动汽车火灾的调查方法，具有较强的实用性和可操作性。

该项目是国内首次开展电动汽车火灾调查与物证鉴定技术方面的系统研究，进一步完善和补充了汽车火灾调查与物证鉴定技术，同时也为汽车生产、设计、使用人员增强消防安全意识提供了有益的借鉴。目前该项目研究成果正处于推广应用阶段。

为NAIS"提纯"有用信息

为提高汽车质量安全水平，保障消费者安全，加强我国道路交通事故深度调查与事故形态分析研究工作，提升汽车产品召回技术监管能力，2011年，缺陷中心联合国内多家车辆事故研究机构、机动车司法鉴定中心，在全国推进国家车辆事故深度调查体系（NAIS）的试点工作。目前，NAIS在全国已发展到8个站点，事故采集类型包括道路交通事故、汽车火灾事故以及其他疑似安全隐患事故等。

物证中心是国内唯一以调查汽车火灾事故为主的NAIS工作站，为缺陷中心启动汽车召回提供了重要的技术支撑，并为改进汽车火灾安全技术发挥了重要作用，刘振刚为站点副站长及联络人。据刘振刚介绍，截至今年5月，天津站共采集并审核汽车火灾案例累计400起以上，形成各年度分析报告。在数据质量控制基础上，深入分析起火汽车存在的疑似安全问题，并提交安全提示信息，为汽车深入调查提供了更为准确的科学依据。

刘振刚还告诉记者："这个过程，实际上是从大数据中'提纯'有用信息，通过汽车事故深度调查，开展汽车缺陷分析判定、汽车安全性分析及提升研究，服务于我国缺陷汽车召回工作，并为汽车生产者开展汽车安全性分析及改进提供数据支持。经过多年积累，NAIS建立了数据库及3 000余项的数据采集规范体系，大大丰富了汽车缺陷调查手段，其中部分案例引发了国家质检总局汽车缺陷调查工作的开展。"

两起典型的召回案例

我国汽车召回制度发展已日臻完善，透过不断攀升的汽车召回数量，刘振刚指出："缺陷汽车召回案例中，涉及起火缺陷的约占1/4，在未来几年内甚至会更高。"刘振刚还向记者介绍了两起典型的召回案例。

2018年8月，中通客车向国家质检总局提交了召回计划。"这是一起通过NAIS系统引发国家质检总局进行缺陷调查，最终促使生产者实现召回的案例。"据刘振刚介绍，近两年，中通客车部分车型在哈尔滨接连出现一些故障，包括几次火灾事故。NAIS东北林业大学站点将该事故调查过程中发现的车辆安全性问题提交到NAIS办公室后，国家质检总局及时组织了一批专家前去调查。"经调查发现，车辆的线路捆绑保护不够，长期使用后线束可能出现磨损或短路，造成仪表、大灯等用电设备的保险熔断，设备无法正常使用,极端情况下可能导致车辆起火,存在安全隐患。"

"在实际工作中,仅通过缺陷调查促使生产者实施召回还不够,我们必须继续跟踪及评估召回实施效果,才能切实维护消费者生命及财产安全。"在刘振刚参与过的汽车召回案例中,美国克莱斯勒吉普牧马人"自燃"事件同样令人印象深刻。2009年8月前后,国内发生多起进口吉普牧马人越野车起火燃烧事故,国家质检总局根据舆情启动了缺陷调查,并组织缺陷中心成立专家组先后奔赴北京、秦皇岛等火灾现场与整车厂,实地调查火灾原因。经调查发现,吉普牧马人越野车的自动变速器与相关系统存在严重安全隐患。"克莱斯勒先后实施3次召回,专家组经过跟踪评估发现,前两次召回即使加装了油温提示报警装置和重载变速箱冷却组件,也无法在根本上解决起火问题。"刘振刚接着说,"于是国家质检总局于2011年4月暂停进口吉普牧马人越野车,直至克莱斯勒替换相关部件解决该问题后,才解除了相关限制。"

近年来,物证中心每年受理的汽车火灾案例为200起左右,且逐年增高,今年物证中心出具的汽车火灾报告已达229份。在刘振刚看来,"汽车火灾从大概率上来讲不可避免,但多年来,汽车厂家对于火灾的重视程度、对于质量的追求都越来越高。比如,很多厂家都积极参与到燃烧模拟实验等相关研究中,通过培养一批技术人才,提高调查分析水平,弥补薄弱环节,有针对性地及时发现、解决一些问题,并用于新车型的研发设计中,目的就是提高产品质量"。

刘振刚表达了对未来的畅想:廿载耕耘,成果显著;着眼未来,任重道远。"未来将以习近平新时代中国特色社会主义思想为指引,重视质量提升,把汽车火灾鉴定与研究工作做深做透;同时加强与缺陷中心的深度合作，做好汽车火灾缺陷调查的技术支撑；加强与国外技术机构的交流合作，通过对大数据的梳理和分析，开发、建立汽车火灾安全评估体系，为汽车行业质量提升、公共安全与社会稳定做出贡献。"

鲁英男

哈工大人在天津 HAGONGDA REN ZAI TIANJIN

鲁英男,高级工程师,1990年就读于哈尔滨建筑工程学院(2000年并入哈尔滨工业大学)建筑系;2003年取得天津大学城市规划硕士学位;1995—2005年工作于天津市塘沽区规划局;2005—2015年工作于天津贻成集团,负责房地产板块;2017年成立十叶草(天津)科技发展有限公司,主营发明专利新一代隔声节能门窗一体铝宜居窗。一体铝窗的出现,结束了中国没有门窗自主知识产权的状况,并以其超强节能性能、超强隔声性能及坚固耐用的特点替代传统断桥铝等节能门窗,为建筑节能减排、全面提高建筑使用舒适度做出重大贡献!

天下宜居　有他一叶

2018年，全球碳排放量创下331亿吨的历史新高，而其中最大的黑洞就是建筑能耗。据住建部的统计数据显示，在全球范围内，有超过40%的能源消耗和21%的温室气体排放来源于建筑业。而2018年中国的二氧化碳排放量增长了2.5%，也就是占全球碳排放的31.3%。我们如今所面临的环境危机，是攀升的碳排放量，是不断消融的冰川冻土，是覆盖范围渐渐扩大的雾霾。门窗能耗占建筑能耗的50%以上，是实现建筑节能减排的重中之重！

鲁英男，现任十叶草（天津）科技发展有限公司执行董事兼总经理，主要从事被动窗、超低能耗窗、超级静音窗等新型高性能门窗的研究与发展。

他出身哈工大世家，父亲鲁坚是20世纪60年代最后一届哈工大工民建本科毕业生，兄长鲁英灿是87届城市规划专业毕业生，鲁英男则是90届建筑学专业毕业生。兄弟二人均为建筑学院优秀毕业生，据说无论如何组合——兄弟姐妹同为哈工大学子并都获得院级优秀毕业生的情况极为罕见。

鲁英男1995年毕业后在天津塘沽规划和国土资源局工作，主要负责城市规划和建设的审批工作，一干就是十年。其间曾荣获多项荣誉：塘沽区十大杰出青年、五四青年奖章、政协委员、青联委员、科技进步先进个人、技术创新先进个人、全国建筑画大奖赛优秀动画奖……2002年，鲁英男编著出版了《高技术生态建筑》一书，此书至今仍在京东有销售，这也为他今天所从事的节能门窗事业埋下了伏笔。2005年，他不顾所有人的反对，甚至是在政府部门和领导不同意的情况下，毅然决然辞去了公务员这个当时令人羡慕的工作，到房地产集团去锤炼自己。后来他回忆说："从事城市规划建设管理工作固然重要，但很多时候并不是专业技术所能掌控的，更不能实现哈工大'规格严格，功夫到家'的校训精神，与其被动管理不如主动管理。到房地产公司去，也许不如做城市管理意义大，但实在，至少能对自己管理的项目负责。"

这一干又是十年，经他手开发管理的项目超过了300万平方米。2015年，鲁英男根据房地产行业的发展趋势，向集团提出进行战略转型，向养老地产、绿建地产、旅游地产等专业化房地产方向转型。也许是命运使然，2016年9月，世界首创的发明专利：保温一体铝合金节能系统门窗的专利方找到了鲁英男，提出了合作的强烈意愿。起初，鲁英男并没有对这个项目产生兴趣，觉得门窗是传统行业而且是处于产业链的底端所以意义不大。但经过深入了解和考察，他意识到了这个门窗节能技术的深远意义。现在因碳排放产生的全球气候变暖、极端天气频出、雾霾范围在不断扩大等现象，究其原因是人类活动导致的，而其中建筑能耗占了最大比例。目前中国建筑能耗占社会总能耗的48%，其中30%来自于我们的建筑，而门窗能耗又占建筑能耗的50%以上，解决了门窗节能问题,就解决了建筑能耗的一半以上,这是何等的有意义啊!很多科学家普遍认为,中国当前因碳排放产生的全球气候变暖温度很有可能突破1.5℃的临界值,达到全球气温升高2℃,到时带来的灾难性后果将是不可逆的。所以建筑行业一定要把绿色、可持续发展提到最高等级上来,保护环境,是我们每个人都要承担的责任。

门窗是迭代发展的,俗话叫"一屉倒一屉",木窗被钢窗替代、钢窗被铝合金窗替代、铝合金窗不节能被塑钢窗替代、塑钢窗颜值低耐久性差被断桥铝窗替代,断桥铝窗因其构造强度不够高,还存在很多问题。世界上对新类型门窗的研发很少,而且从钢窗开始各类型窗都是国外的技术,国内从来就没有自主知识产权的新类型窗,为此我国付出了大量的外汇支出。拥有自主知识产权的门窗专利技术,不仅可以节省成本,将来还可以输出到国外,为世界节能减排做出中国的贡献、大国贡献!

保温一体铝合金节能门窗在成本不提高的情况下,全面解决了其他类型窗的所有问题,实现了超强隔热、超强隔冷、超强隔音、坚固耐久,同时还实现了其他类型门窗做不到的窄框、超大扇、全开启、扩大采光面积等性能。鲁英男非常佩服专利方的执着与坚韧。历时八年,与意大利专家国际协作,历尽艰辛、耗尽家财、背负债务,终于发明出了世界首创的保温与铝合金复合一体的专利节能门窗技术并通过了实际应用的检验,彻底解决了断桥铝技术强度不高、节能性能有瓶颈的问题。专利方的精神感动了鲁英男,他觉得这种精神与哈工大的"规格严格,功夫到家"的精神是完全吻合的。无论从哪个角度出发,鲁英男都认为这件事要做、必须做!

从开始鲁英男就把这个项目作为重中之重推荐给了集团,既能在集团开发项目上应用，又能作为独立板块快速发展乃至上市，无论如何都是非常有意义的事情。然而，当时集团正面临特殊的历史时期，虽然很看重这个项目但暂时不能投资新的方向。时间不等人，为了让这个重大专利技术得以快速发展，鲁英男毅然决然于2017年6月投资与专利方组建了十叶草（天津）科技发展有限公司，做了一回天使投资人，并亲任执行董事兼总经理。在他全面接手管理后，考虑到目前工程项目拖欠款严重、自有资金有限的情况，重新制定了战略方针。采用零售带动工程的战略，双管齐下。零售不欠钱，先保证生存，继而谋求发展。先搭建零售平台，通过加盟实现全国化布局，快速发展体验用户，通过用户口碑推动工程项目的发展。同时完善产品系列、研发生产设备、积极参与国家标准的制定、加入各大房地产集团及施工总包企业的战略采购平台……

创新是发展的根本。只有技术创新是不够的，商业模式的创新更重要，甚至是决定因素。鲁英男对门窗行业特别是零售板块进行了深入研究后发现：门窗没有零售行业头部企业！这是巨大的挑战，也是巨大的机会！之所以没有门窗零售头部企业，究其原因，鲁英男认为有以下几点：

一、过去门窗行业集中在工程领域，近几年工程拖欠款严重，有部分门窗企业开始转型做零售，但不得其门而入；二、过去门窗零售基本是街边作坊门店在做，行业混乱，假货居多；三、商业模式传统，互联网冲击，线下流量大幅减少，难以形成规模；四、价格混乱，门窗零售市场混乱，假货销售价格低于真货成本价，真货价格难以获得消费者认可。针对这些现状，鲁英男做了大量工作，做到了许多"第一"：一、门窗行业首个且唯一与工信部认可的防伪平台战略合作，实现一窗一码防伪溯源；二、门窗行业首个实施以单品——高性能卧室窗为突破口，解决根本痛点，体验式、低客单价体验营销模式；三、门窗行业首个创建提供换窗会员终生服务的平台，除提供门窗质保及养护外还提供日常无公害食品、日用消费品、装修装饰用品的服务；四、门窗行业首个推出客户订单管理服务 APP 及用户自主量尺核算总价微信小程序的品牌。

在哈工大校友们的支持下，鲁英男的绿色地球计划——"让天下宜居，更让天下没有不宜居的房子"正在稳步推进。鲁英男正在践行哈工大"规格严格，功夫到家"的精神，甚至加以创新。祝愿他、更希望他作为哈工大的学子，不辱使命，为哈工大人努力争光！

哈工大人在天津 HAGONGDA REN ZAI TIANJIN

李大华

李大华，汉族，1955年7月出生于沈阳，哈尔滨建筑子弟中小学毕业后，1978年3月考入哈尔滨建筑工程学院（2000年并入哈尔滨工业大学）力学师资班，1984年哈尔滨工程力学研究所硕士、博士毕业，任副研究员，1993年哈尔滨建筑工程学院力学博士后出站，1999年为天津研究员。

"5·12"赴德阳救灾终生难忘

灾情就是命令,我于2008年6月1日下午从天津启程飞赴四川成都,参加那里的板房场地地震安全性评价。我和云南省地震局石光炬一组,赴德阳工作8天,经历了许多难忘的事情。

一、中国联通为"津门通"专门升级

我的手机卡是1998年购买的津门通,只能在天津市内使用,中国联通得知我将去震区后,专门升级该卡为全国漫游卡,彻底保证了我在震区前线向天津传送新闻连线信息,后来想把该卡降级,天津联通都没有权限,全国的支持印象极深。

二、地形影响问题特别明显

5·12大地震近场区域属于山区,除山体滑坡造成直接经济损失和人员伤亡、失踪外,地震动地形影响问题是十分显著的。

(1)山顶上地震动明显放大,可以看到地震动造成的山体滑坡多

在山顶部。

（2）山上移动通信塔的地震动破坏，主要原因应该是通信塔结构抗震设计尚未能考虑山顶地震动的几倍放大，因而必然遭到倒塌破坏，否则，通信工程作为生命线工程的重要组成部分一般是不应该倒毁的。通信的中断必然使应急救灾雪上加霜，是应该汲取沉痛教训的。

（3）一般的地震动地形影响理论认为，山坡和山顶上地震动放大，山脚下地震动减小，两山夹的沟谷中，地势越低地震动越小，危害也就越小。在防震减灾中推广应用这些经验还有待加强和深入。地形影响应

李大华在绵竹市汉旺镇考察地形对水平向地震动的影响

该认真考虑,"九寨沟地震"震中区变电站遭到破坏也是在山坡上因地形影响放大造成的,当时100多人冒着生命危险进行抢修,看电视报道我都揪心啊。目前高山峡谷间修建的大桥往往忽略了地形影响作用,还面临着未来要付出血的代价,这一问题应该引起政府对地形影响灾害的重视。汶川地震,无线移动通信破坏严重,也是地形影响问题在作怪,该对山上的移动通信塔提高抗震设计标准了。

三、汉旺镇东方汽轮机厂的震害原因

国营大企业东方汽轮机厂本次地震损失惨重,震害主要原因是地震

绵竹汉旺镇东方汽轮机厂宿舍软土地基震陷普遍造成局部倒塌

绵竹汉旺镇东方汽轮机厂宿舍土壤震动液化破坏，可见冒水喷的砂

动过大。是遭受超过国家规范中规定的罕遇地震了吗？不是！很多建筑物只受到轻微破坏，说明地震动并不是十分强烈。是地震动地形影响造成的吗？也不是！东方汽轮机厂周边群山环绕，是水平向地震动明显衰减的抗震有利地段。东方汽轮机厂本次地震房屋倒塌、损失惨重的主要原因是什么？到现场一看房屋的震害形式就很清楚了，就是地面软土地基震陷造成的巨大损害。东方汽轮机厂这一国营大企业在选址时，实际上是把建筑抗震最有利地形地段选去了，然而这一低谷冲积形成年代较新，明显存在着软土地基问题，而该厂的建设并没有对软土地基进行有

什邡市莹华镇金河磷矿场区矿渣尾矿坝是放大长周期地震动的祸首

效抗震设防,直接造成大量房屋局部不均匀沉陷倒塌,局部倒塌破坏救人都十分困难,因为保证不了施救人员的安全,只能选择放弃,结果是很惨的。

四、莹华镇金河磷矿的震害成因

地处什邡市莹华镇的国营大企业金河磷矿本次地震损失也十分惨重。震害主要原因是地震动过大,但超过国家规范中规定的罕遇地震了吗?根本不是!因为金河磷矿也选择在最有利的低谷地带。那么,造成本次企业厂房严重毁损的主要原因是什么？这是我们地震工作者必然要关注的问题。通过现场考察，不难看出，金河磷矿的严重毁损与结构-结构相互作用有关，也就是厂区内堆积如山的松软矿渣吸收了较长周期成分的地震波后，放大并通过地面反馈，大量施加给工业厂房，而其频率成分会明显引起这些厂房发生共振，明显加长了地震动持续时间，造成低周疲劳破坏。也就是说，金河磷矿的严重毁损主要是自己堆起的磷矿渣尾矿坝造成的。

五、地震工作者的表率和稳定作用

6月1日下午我和同事二人一到达德阳市政府大院，就看到政府机构都不敢在14层大楼里办公，我们是在帐篷里首次见到黄声德局长的。当晚我们住在旌湖大酒店顶层七层，该酒店刚重新开业几天，受到地震破坏的墙体和柱子还没修复，在不断余震的作用下顶层晃动得很厉害。我们对14层市政府办公大楼进行了考察，看到基本完好，就建议防震减灾局搬回大楼里办公。我们在宾馆利用专业知识住到晃动最大的房间里，起到了安定人心的表率作用。6月3日早上，防震减灾局召开了局务会，会后马上搬回了大楼办公，随后其他局委办也搬回大楼办公，市政府都回到楼里办公了，街头帐篷里的老百姓也逐渐敢于回家住了，当我们6月8日晚要离开时，街头帐篷里已少有人住了，只是空帐篷在占地方。本次在德阳市地震灾区现场，我们根据自己所学特长，积极恰当地提出各种建议，对抗震救灾起到了明显的积极作用，对稳定局势和恢复重建都是至关重要的和不可多得的。我们也从中受到了很深的教育。

六、大震后的地震区生活"生不如死",怎样打造紧急避难所

因为住在顶层,余震频繁,晃动得根本睡不着觉,我们健康人都有"生不如死"的痛苦感觉,病人就更加痛苦了。从那时起,我就在考虑,强地震后到底去哪里避难更合理。现在已有结论,就是老弱病残去船上避难最合理,因为在船上基本不受强余震晃动的干扰。应该在现今城市农业无土栽培基础上连片打造利用水域的船,例如在海河、白洋淀等水域都该规划和建造联营的船,以极大地减轻人民的震后痛苦为宗旨。

七、QQ 是个好东西

过去没有 QQ,住在德阳最好的四星级宾馆,带着笔记本电脑,用邮箱一次只能传 30 M 图片,一夜要多次发送邮件。后来才知道 QQ 可以打包一次全传过去,自此开始使用了 QQ。

哈工大人 在天津

李爱东
HAGONGDA REN ZAI TIANJIN

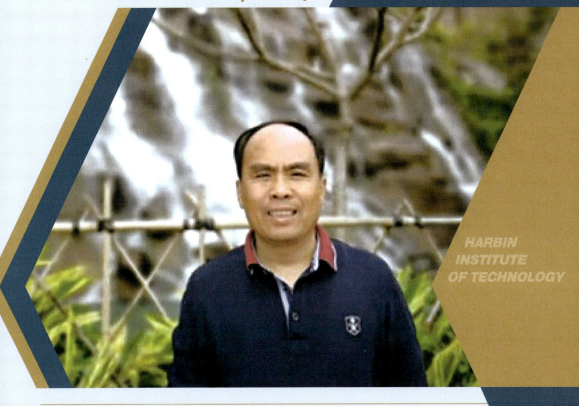

HARBIN
INSTITUTE
OF TECHNOLOGY

　　李爱东，汉族，1967年10月出生于天津蓟县。1986—1990年就读于哈尔滨建筑工程学院（2000年并入哈尔滨工业大学）地下结构专业。现任中国铁路设计集团有限公司副总工程师、中国城市轨道交通协会设计咨询专委会副秘书长、深圳城市轨道交通协会规划设计专委会主任。获得过集团公司资深专家、铁道部青年拔尖人才、中国铁路总公司专业带头人等荣誉，是天津市五一劳动奖章获得者。

润物无声　受益终身

入学

1986年7月，我收到了哈尔滨建筑工程学院的录取通知书，但看到录取的专业——地下工程及隧道工程，心中凉了半截，想到毕业后将在深山老林中打隧道，心中还是有些莫名的惆怅，一度有几天在思考是否重新高考一次。但我父亲在铁路设计院工作，了解一些隧道工作的内容，大意是：隧道也没有那么可怕，也没那么辛苦（因为那个时代，地下工程投资比较大，其体量还是比较少）。听了父亲的解释，我心中也就轻松、释然了，至少可以不用再高考一次了。

9月底到学校报到，列车在凌晨四点到哈尔滨站，出站后我就看到了接站的横幅，只等了一小会儿，就上了学校的大巴车，很快就到了大直街边的宿舍楼，然后报到、拿钥匙、去宿舍。第二天参观学校，进入一楼大厅，感觉还是很大气的，转了一大圈，既没有看到操场，也没有心目中的大图书馆，与想象中的大学差距不小。

学习

哈建工一系同学传闻三大力学是"魔鬼科"，据说每次考试必有同学挂科，所以同学们对这三门课均比较重视。理论力学第一次考试，同宿舍的一名智商极高的室友第一次挂科了。结构力学当时的大课老师——吴老师是江南人，一口江南普通话，上课时西装革履（后来发现结构力学教研室好几位老师均喜欢如此穿着），而且写一手非常漂亮的板书，他的教案也极其漂亮，据说时常获评最佳教案。吴老师出题丝毫不手软，第一次结构力学期中考试，我现在仍记忆犹新：第一道题就难度很高，我写了二十分钟，居然只写了一半，感觉做其他题的时间都快要没有了，赶紧放弃此题，继续后面的答题（此时还要感谢高中的老师们，此次考试依赖的是高考前无数次的模拟训练）。还好，后面的难度没有那么高，答完了，还有时间回头攻第一道题。本次期中考试，大家深受打击，好几位平时学习不错的同学也不及格了。经此一试，大部分同学对这门课如临大敌，估计均投入了不少的时间和精力，但期末考试还是有几位挂科。现在看来，对我们从事结构设计的人来说，工作中很大一部分是利用结构力学的知识，此门课程的"魔鬼式"教学是非常有必要的，虽然总需要有些同学做出"牺牲"。

三年级后，进入了新区（现在的二校区）学习，忽然之间有了另一种感觉。当时的新区，还是飞机场片区较早开始建设的，周边一片空地，加之交通还很不方便，男生大部分"借道"体院出行。在新区的生活因为有了大的体育场，所以男生们的节奏变成了学习—吃饭—踢球—周末去秋林一带的模式。

观影

20世纪90年代在哈尔滨看电影是一种时尚，仅仅秋林片区就有亚细亚、展览馆等设施不错的电影院好几处，而且周末还有通宵电影。从一年级期末开始，考试周期间，作为一种放松方式，考完一门课，晚上即去秋林一带看一场电影；第二天起床，继续备考下一门课。学校周末也经常在大礼堂放电影，记忆最深的是在学校大礼堂看了一场《莫斯科保卫战》。电影从早晨开始，好像是九个小时，中午饭没有吃，看到下午四点多，实在坚持不住了，迷迷糊糊地回宿舍，睡了整整一天半，才缓过劲来。市场上当时有部电影《霹雳舞》，热映了好长时间，因经常买不到当场票，黄牛党们热闹了好长一段时间。

换专业

地下85毕业后，据说因毕业分配去向主要为各地人防办，但各地人防办是政府部门，有多地人防办不愿意接收新毕业生，造成了地下85的毕业生分配难度较大（那时候是计划经济时代，毕业生"包分配"）。学校领导经研究后，果断决定地下86全班学生均转为工民建。但因大三下半年，与工民建专业的所学课程已经有所区别，地下建筑、地下结构、地下施工等课程与工民建专业的建筑施工、建筑预算不同，所以大四上学期开始，第一个月把所有还未学习的工民建专业课程全部补上。当时一个月，上、下午全天均是大课，同学们着眼专业去向，没有一个人有抵触，大家学习热情空前高涨。后续的课程，除了与工民建专业一同学习外，把地下专业原来计划的课程也加课学完了。现在回忆起来，自己目前从事的工作，也得益于学习了两个专业的课程。毕业设计我们班分成了两个设计组，一组是单层厂房设计，一组是地下车库设计，我毫不犹豫地选择了地下车库设计组，毕业实习去了总参工程兵四所，参观了多个地下车库，也听了四所的多个专家讲课，增长了不少见识。

毕业

当时国家已经开始了毕业双向选择的试点，但是还是"包分配"。我自己联系了现在工作的单位——铁三院，计划从事隧道专业，但是因毕业证上为工民建，所以特意让学校写了专门的说明，叙述为何哈建工工民建还有地下专业。当时的系党委书记刘书记出了一个主意：哈建工专业设置为工民建专业地下专门化，所以开设了这么多地下专业课程，并出具了专门的证明材料。如此才使得我毕业后能从事现在的地下专业，并一直至今（我是我们地下86唯一从事地下工程的）。我到现在对刘书记仍心怀感激，没有他的主意，可能现在我也在中建系了，地下86也就没有一位同学从事地下专业了。

入职

毕业后，我进入铁三院桥隧处隧道室，当时室内正在进行北京地铁西单站的施工图设计，全室当时一共四十多人，近一半人都在加班从事此项设计工作。当时因为是室里开展的第一个暗挖地铁车站，很多均是开创性的工作，所以经常加班加点工作。设计室内大部分的前辈均是20世纪60年代毕业的大学生，当时均近50岁了，还在图板上认真画图，而且所有人的图均画得非常漂亮。而我的图纸中的线条、字体与前辈们相比，差距太大，所以我每天都拿出二十分钟练字、练线条，以便尽快缩小差距。地铁设计涉及专业多，好多名词以前在大学期间均没有听说过，听前辈们讲解时，脑中一片空白，根本没有一点概念，如线路的缓和曲线、超高值、道岔岔心、竖曲线、弹条扣件、限界等等，均是在母校所学课程中未涉及的，但是却是铁路院校毕业学生必须要掌握的课程，所以我逼着自己必须尽快自学，掌握相关的知识。好在铁三院几乎每位前辈均既是通才，又是专才，只要肯学习，他们都会毫无保留地把自己所知、所学教授给你。得益于此，经过一段时间的学习，我对铁路基本知识也有所掌握。但铁路知识确实太多了，到现在为止，仍有很多专业知识需要学习，不知建造飞船、火箭的校友们是什么感觉。

感悟

毕业一晃，即将满三十年了。回首过去，自己取得的成绩与母校"规格严格，功夫到家"的校训是分不开的。学校除了教授我们专业知识，更主要的是教给了我们一种不断学习、不断求知、不断探索的精神和方法。无论我们在母校中学习的是什么专业，走向社会后，舞台都会更宽。比起"专业对口，学有所用"，在当今深刻变革和飞速发展的时代，更重要的是培养一种求知的精神和学习的方法与思维，在漫漫人生的路上才会越走越精彩。同时，对母校的课程设置建议适当增加管理、经济的内容，因为大部分同学虽然毕业后将从事技术工作，但实际上，即使只是一个人数较少、体量不大的项目团队，也需要好的管理知识来高效运转。大部分的研究，最终要实现好的社会效益和经济效益。

在此，感谢母校的培养，也祝同学、校友们幸福。

哈工大人在天津　罗　义
HAGONGDA REN ZAI TIANJIN

HARBIN INSTITUTE OF TECHNOLOGY

　　罗义，汉族，1971年8月出生于辽宁抚顺，1998年毕业于哈尔滨工业大学。现任南开大学教授，博士生导师。"环境污染过程与基准"教育部重点实验室主任。国家杰出青年科学基金获得者，获第十三届"中国青年女科学家"奖、教育部自然科学一等奖（排名第三），担任国际期刊 *PLoS One* (Member of editorial board) 编委，《生态毒理学报》编委，中国自然资源学会理事，中国自然资源学会资源循环利用专业委员会副主任兼秘书长。

为科研义无反顾的女科学家

抗生素作为人类医学的重要发明，问世以来创造了很多医学奇迹。可随之而来的滥用却导致越来越多的细菌产生耐药性，严重影响临床治疗效果。一旦携带耐药基因的病菌通过饮水或呼吸等途径传播至人体，就会对人类健康构成巨大威胁，甚至可能造成许多疾病无药可医。

罗义，南开大学环境科学与工程学院教授，多年来，奋战在环境地球化学研究的第一线。她和团队历经10余年研究，在环境中的抗生素和耐药基因的来源、归趋以及传播扩散的分子机制等方面取得了一系列创新性成果，为有效控制抗生素污染和阻遏耐药基因传播提供了重要理论依据。

从马虎的"罗罗"到细致的老师

中学时代，罗义很喜欢钻研数学难题，也因为数学好，被同学们送了一个与华罗庚一样的别名——罗罗。

"每次数学考试如果有难题我的成绩总是班里的最高分，有时也粗心大意，面对简单的题目反而容易出错。"罗义说。

在哈尔滨工业大学读书时，有一次罗义与课题的指导导师讨论毕业课题，

英姿飒爽的罗义

由于粗心大意,临走时将自行车钥匙落在导师办公室里,后来导师通知她去取钥匙时语重心长地说:"做科学可来不得半点马虎,许多科学发现都来自于细致入微的观察。"

这番话对罗义从事实验性科学研究影响很大。如今的罗义,沉静、细致、认真,给学生修改科研论文,每一个细小的错误都难逃她的"法眼",她说:"科学让世界变得美好,也使我的人生变得睿智、丰富和深刻。"

环境战线上阻击"超级细菌"

近年来,微生物耐药已经成了世界公共卫生领域的重大问题之一,各国政府也不断在医疗体系中加强相关监管力度。然而,许多人不知道的是,人类使用抗生素的70年以来,环境背景中的抗性基因的含量也已经呈不断增长趋势。抗生素及其抗性基因的污染已遍布水、土壤、大气等介质,而在以污水处理厂和固废填埋场为代表的人工环境中,其污染水平更高。

2006年,美国科学家首次提出将抗生素抗性基因作为一种新兴环境污染

第十三届中国青年女科学家奖颁奖现场

物来看待。罗义敏锐地想到,中国不仅是抗生素生产大国,更是不折不扣的抗生素使用大国,因此中国环境中耐药基因的问题理应比美国更加严重、迫切。

她以环境中微生物耐药细菌及其携带的耐药基因作为研究目标物,定量表征其在水、土壤和大气环境以及生物体内的浓度、分布与传播扩散,尤其关注不同的环境条件变化和人类活动,以及释放的污染物如何影响这些耐药细菌和耐药基因在环境中的增殖和传播。

历经10多年的持续研究,她的团队发现了我国的流域耐药基因污染与畜牧、水产业抗生素的使用模式之间存在关联:养殖业中使用的抗生素大部分直接通过动物粪便排放到了土壤和水环境中——这些抗生素对环境中的微生物产生选择压力,由此造成环境中耐药基因的增殖和富集。

传统污染物包括重金属、有机污染物,具有"总量"确定、积累缓慢、会随着传播途径被逐渐稀释等特点。与传统污染物相比,耐药基因的污染和传播更具复杂性和危险性,由于耐药基因的携带载体为微生物,耐药基因一旦出现,就会随着微生物的垂直传递以及不同微生物种属间的水平转移而出现增殖和富集，并在水、土、大气等介质间进行传播和扩散。倘若耐药基因被肺炎克雷伯菌或鲍曼不动杆菌这类致病菌获得，人类恐怕将对其束手无策。

这并不是危言耸听的理论预测。江浙一带就曾有儿童检出体内存在兽药抗性基因，这极有可能是通过自来水或各种受污染的食物摄入的。罗义的团队近期还在一些污水处理厂的出水中发现了若干株"超级细菌"，其中携带耐药基因 NDM-1 的菌株更是对 10 种以上的抗生素表现出耐药性。

罗义认为，不同的污水处理工艺对耐药基因的增殖影响是不一样的，而生物处理之后，进行化学氧化处理对耐药基因的消减是很重要的措施。这种从源头控制的手段可谓最经济、最便捷的管理办法，受到了国家环保部门的重视。

除了调查、采集更多的基础数据，为管理部门建立污水处理厂、为制药企业的排放标准提供指导之外，罗义更关心的是未来环境耐药基因将对人类健康产生的威胁。作为每年生态毒理学大会中"环境中抗生素和抗药基因"专题学术讨论会的召集人之一，她发现：国内更多的是环境领域的科学家在本领域内针对耐药基因污染进行研究，而国外则是不同领域的科学家包括生物、医学和环境领域等开展的多学科交叉研究，因此对新污染形势下耐药基因的传播及其扩散机制的研究更加深入。

为此，罗义的团队开始通过小鼠模型和肠道模拟模型，探索耐药基因如何从环境进入到人体，并将对人类疾病产生何种影响。她说："抗性基因的传播规律与传统污染物有很大的不同，我们现在常与医学院的教授讨论问题，希望把工作做得更深入一些，能够在生物学机制上取得突破。"

为科研义无反顾

做环境地球化学研究工作，除了一部分工作要在实验室完成外，还有许

参加第六届全国生态毒理学大会

多工作要去野外采集各种环境样品。

野外采集不仅充满着不确定性,更不得不面临突如其来的环境挑战与危险。

有一次,罗义带她的研究生去采集海河一个支流的水和沉积物样本,虽然采样前做了充分的准备,可由于不熟悉路线,原本2个小时的路,走了近5个小时。采样目的地周围杂草丛生,无路可走。

"做环境工作,一个代表性的采样点非常重要,如果丢掉这个点,会严重影响数据结果和研究结论。"罗义没有丝毫犹豫,深一脚浅一脚,只身淹没在杂草中。快接近目标地点时,罗义身子一歪,整个人掉入齐胸的枯井中,在学生的帮助下她爬上来继续前进,最终采到了需要的样品。

这次采集经过数据分析整理后,获得了新的科学发现。论文发表在环境领域最具影响力的期刊 Environmental Science & Technology 上,获得了国内外同行的高度评价,至今被同行广泛引用。

"科学最大的魅力就是不断攻克难题、解决问题带来的成就感。"罗义说,"如果还有下一次,我还是会选择义无反顾。"

李宁

哈工大人在天津　HAGONGDA REN ZAI TIANJIN

HARBIN INSTITUTE OF TECHNOLOGY

　　李宁，汉族，天津大学教授、博士生导师，九三学社社员。1981年12月出生于山西，1999年入学就读于哈尔滨工业大学土木工程学院（本科、博士）。现就职于天津大学建工学院，长期从事工程结构抗震研究。现任天津大学抗震抗爆实验室副主任，天津市土木工程学会理事，获天津市"131人才"第二层次人选称号，土木工程与新材料天津市重点实验室、滨海土木工程与安全教育重点实验室、中国地震局地震工程综合模拟与城乡抗震韧性重点实验室骨干研究人员。主持或参与国家级、省部级项目16项，其中主持国家自然科学基金3项、重点研发计划子课题1项、教改项目1项；参编土木工程专业规划精品教材2部；发表学术论文60余篇，其中SCI、EI收录41篇；获国家发明专利5项。

载道化成　一路向峰

如果这样说一个人，他主要从事工程结构抗震、减振与控制方面的研究工作，包括桥梁结构抗震、地震动破坏性效应、结构抗震减振新技术和子结构试验方法等。主讲过工程抗震原理、高层建筑结构、结构风工程等课程，主持国家自然基金3项、重点研发计划子课题1项、省部级基金3项。第一或通讯作者发表SCI/EI检索论文22篇、教改论文1篇，参编教材2部，发明专利6项。担任 ACI Structural Journal, Smart Structures and Systems, Earthquake Engineering & Structural Dynamics, Earthquake Engineering and Engineering Vibration 等国际刊物审稿人。目前是"水下地震模拟振动台台阵系统"和"大型地震工程模拟研究设施"研制骨干，主要负责振动台系统和控制系统的研究工作。你一定认为这是个年过半百、白发苍苍的老学究，然而，这篇文章要介绍的主人公，竟是一个刚过而立之年、已经成家立业了的青年才俊。

李宁，很容易被人记住，因为都知道有个同名的世界冠军，而这个李宁，在科研领域也是世界科技前沿的先锋。他1981年12月出生，是九三学社社员，天津大学建筑工程学院教授、博士生导师，抗震抗爆实验室副主任。1999年进入哈尔滨工业大学土木工程学院本科（建筑工程方向），同年被遴选至"理论与应用力学"双学位班；2009年于哈尔滨工业大学土木工程学院博士毕业。这简单的几个节点，应该可以看出，他是一个一路向前的优质青年。

十年磨一剑，哈工大的千锤百炼，让他实现了从毛头小子到专家学者的蜕变，无论是专业理论知识的积累，还是学习能力的锻炼提升，都塑造了他那专注认真、谦虚谨慎的孺子风范。

在学习中创新，在创新中学习，成了他生活和工作的主旋律。读本科时，学习编制可以提高效率的计算小程序；读研时，在探索中明白了创新的方向；读博时，更在学习与创新的方法上游刃有余。

就职天津大学，成为一名大学教师，角色的转变，似乎也没有太大的波折，虽然也面对工作的压力，虽然也结婚生子，但他对教学科研的执着从未改变。埋头苦干，兢兢业业，发愤图强，在产学研方面的倾心投入，又让他在天津大学功成名就。作为第一作者的57篇学术论文的发表，主持或参与的16项国家级科研项目，无一不渗透出他骨子里那"规格严格，功夫到家"的精神传承。而被评为"北洋学者骨干教师"，入选"天津市131创新型人才第三层次人选"，也是社会对他辛勤耕耘的回报。

如果你问他："两个十年你都很精彩，那么未来的几个十年，你会怎样规划你的事业呢？"

"礼可载道，立以化成。"导师的教导，一定是他心里默念的、嘴上说出声的、行动上遵循的。也许，十年后，你会看到他，一个世界级的专家学者，在宣读一个能给人类带来福祉的学术报告；也许，你会应用他主持研发的科技项目的成果，享受那美好又安全的生活；当然，你也一定会嗅到他,桃李满天下的芬芳。而为了这一切,他也从未停止过孜孜不倦的努力和奋斗。

"青春不斗待何时,笑看沧桑花满头""哈工大给了我翅膀,我一定要在蓝天里翱翔",这就是他这个年轻的哈工大人心中的信念。

哈工大人在天津 — 罗广求

HAGONGDA REN ZAI TIANJIN

HARBIN INSTITUTE OF TECHNOLOGY

　　罗广求，1977年出生于湖南双峰，1998年就读于哈尔滨工业大学应用化学系，2005年研究生毕业。毕业后长期从事航天锂离子电池研发工作，现任中国电子科技集团公司第十八所研究空间储能电池团队带头人，教授级工程师，先后获得国防科技进步奖一等奖和二等奖各一项，2013年入选天津市"131"创新型人才培养工程第一层次人选。

平凡坚守,为了卫星有颗强健的"心脏"

有个比喻说电源是航天器的心脏,它决定着航天器的生和死,而储能电池就是心房,是保证航天器供电连续稳定的关键设备。罗广求就是航天器"心房"的守护者。

打开罗广求单位的文件柜,一大摞鲜红的荣誉证书分外耀眼——"国家技术创新成果奖""国防科技进步奖""中国电科科学技术奖""天津市131创新人才证书",单位"年度突出贡献奖""五四青年奖状"等,各种荣誉琳琅满目,每一项荣誉都见证着罗广求的付出、成长和贡献。

勤勉好学,技术创新功夫到家

2005年在哈工大研究生毕业后,罗广求进入中电十八所,从事航天锂离子电池技术研发工作。当时,锂离子电池虽然在手机、笔记本电脑、iPad等3C领域已经开始商业应用,但作为航天器储能电池,国内还没有应用先例。中电十八所作为国内最早从事航天锂离子电池工程技术研究的单位,也刚刚开始锂离子电池在航天领域的应用研究。作为新兵,罗广求具有扎实的理论基础,并且动手能力极强,能够迅速融入研发团队。他勤学好问,虚心向老教授讨教电池设计方案，向技术工人学习设备使用，各种设计分析手段运用娴熟，工作勤恳，细致深入，得到单位领导、老教授、老师傅的一致好评。通过两年的学习和锻炼，罗广求迅速成长为研发团队的骨干，工作上开始独当一面。谈及刚开始工作时的状态，罗广求说："入行前两年，是我技术能力提升最关键的两年，要感谢所里老教授的倾囊相授、感谢老师傅的经验分享，让我在科研上少走了很多弯路。"

2007年，在北京奥运会开始前，围绕"科技奥运"主题，为一颗奥运小卫星配套新型储能电池的任务落到了中电十八所航天锂离子电池研发团队的肩上。作为航天器储能技术的换代产品，罗广求开始以副管设计师身份开展工作，主要负责锂离子单体电池设计、组合设计和可靠性验证工作，他充分运用了新技术、新方法，废寝忘食地工作，在锂离子电池的全密封设计、安全性设计等关键技术上取得技术突破，解决了锂离子电池的密封可靠性和安全性难题，先后获得2项国家发明专利授权，为该卫星在轨稳定工作做出了突出的贡献。作为"希望一号"小卫星主要完成人，罗广求于2012年获得"第四届全国职工优秀技术创新成果奖"。

随着技术能力的提升，2009年罗广求勇挑重担，主动请缨担任某国防重大项目主管设计师，面对项目指标要求高、难度大的压力，他大胆创新，提出一揽子新设计思路：包括锂离子电池功能电解液设计、薄型电极设计、电芯结构定位和电池反应热传递管理等，主持设计的锂离子电池能量密度达到135 $(W·h)/kg$，电池寿命性能从低轨1~3年提升至5~8年，解决了锂离子电池在大量级冲击、振动环境下的可靠工作问题，达到了电池在短路状态下不燃烧、不爆裂的目的，锂离子电池综合性能达到国际先进水平。罗广求作为该项目第一完成人，于2014年获得国防科技进步奖二等奖。

规格严格，连续成功才是硬道理

"干一行爱一行"，罗广求始终奋斗在高性能航天储能电池技术领域，乐此不疲。2011年以后，罗广求逐渐组建自己的研发团队，先后承担了多个航天型号配套储能电池产品研制任务。"规格严格，让数据说话"，在蓄电池组的风险分析和设计应对上，他带领团队夜以继日地工作，大量分析电池失效数据和表征参数之间的关系，总结出锂离子电池早期失效的判断方法，构建了锂离子电池一致性筛选规范，为提高电池组的可靠性、延长工作寿命起到关键作用。罗广求带领团队总结形成的锂离子电池一致性筛选规范在北斗导航卫星、高分卫星、高轨通信卫星等50多个型号的卫星上得到广泛应用，在轨型号蓄电池产品保持零质量故障。他所主持的北斗导航卫星储能电池系统研制成果于2017年获得国防科技进步奖一等奖。

随着航天锂离子电池技术的成熟，在卫星工程上的应用不断增加，型号研制任务越来越多，因此，如何在研制周期越来越短、产品性能要求越来越高的条件下，确保航天产品的可靠性，这是罗广求在思考的问题。他始终怀着对国家负责、对国防尽力的想法，以"特别能吃苦，特别能战斗，特别能攻关，特别能奉献"的航天精神严格要求自己，在技术面前不浮躁，规格严格，功夫到家，在困难面前不退缩，勇于攻关，乐于奉献，在成绩面前不骄傲，不懈怠。

"能有机会为国防科技事业贡献自己的力量，能看到自己的劳动成果闪耀在蔚蓝的太空，不是每个人都有这么好的机会的，很幸运，我赶上了。"在接受记者采访时，罗广求这样说。由于在技术攻关和型号研制中的突出贡献，自2011年至2018年间，罗广求已连续获得"科研生产突出贡献奖"和"五四青年奖"，2013年入选天津市"131"创新型人才培养工程一层次人选，

2018年作为带头人的"空间储能电池创新团队"入围天津市"131"创新型人才培养团队,成绩得到了充分肯定。

从追赶到领先,技术创新永无止境

近年来,作为空间储能电池创新团队带头人,罗广求把主要精力放在技术创新上。经过不断的技术迭代,当前以中电十八所罗广求团队为代表的航天锂离子电池产品已达到国际领先水平,电池能量密度达到210 (W·h)/kg,满足低轨卫星8~10年寿命、高轨卫星15~18年寿命的要求,对减轻卫星重量、增加有效载荷起到关键作用。另外,他们开发的特种锂离子电池,突破了天基特种装备对高功率储能电源的技术瓶颈,推动了新装备的应用发展。在15年的储能电池研发过程中,罗广求为我国航天锂离子电池产品技术实现从追赶、到达到领先国际水平的跨越式发展做出了自己的贡献。锂离子电池,作为氢镍电池的第三代航天储能电池,它的开发和成功应用,显著推动了我国空间储能电池技术的换代升级,为我国国防装备的发展在平台技术上提供了支撑。作为该领域的老兵,"罗广求是我国航天蓄电池产品换代升级的主要推动者之一,成绩是实实在在的,大家都看得见"。十八所老领导、老专家

天津市"131"人才证书

与北斗导航卫星"两师"在发射大厅合影

对罗广求的工作给予了高度赞扬和肯定。

"对于搞技术的而言,航天电能源技术的发展是一场没有终点的接力赛,我有幸参与其中,接过前辈的接力棒,穷尽自己的力量跑一程,大家给了我很多鼓励和认可,就是这样。"面对各种溢美之词,罗广求始终保持平常心,把精力放在技术创新上,一方面不断拓展锂离子电池类型,形成多个产品系列,满足不同应用需求,另一方面从单体电池技术延伸技术链,向智能化电池包发力,降低储能电池的管控成本。

"行百里者半九十",在航天储能技术这条路上,罗广求始终抱着"规格严格,功夫到家"的态度,工作上孜孜不倦,精神上坚持不懈,平凡坚守,简单快乐。

哈工大人**在天津**

崔　玥
HAGONGDA REN ZAI TIANJIN

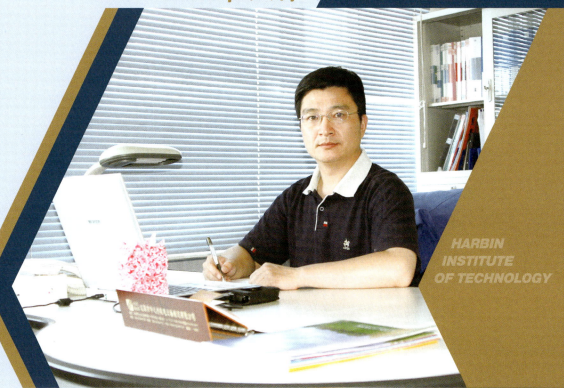

HARBIN
INSTITUTE
OF TECHNOLOGY

　　崔玥，汉族，1965年9月出生于天津，于1984—1993年就读于哈尔滨工业大学，工学博士、博士后。现任天津彼洋机器人系统工程有限公司董事长，获得国务院特殊津贴专家、科技部科技创新创业人才、天津市高端人才、创新创业领军人才等称号。担任中国焊接协会1B分委会副主任、全国智能制造专家委员会专家、中国机器人CR教育培训标准委员会特邀专家，连续多年承担国家"863计划"项目、国家高技术示范工程项目，以及省、市重大科技攻关项目，曾多次获得省、部级科技进步奖一等奖，省重大科技进步奖。

凝聚匠心铸未来

——记天津彼洋机器人系统工程有限公司董事长 崔玥

天津彼洋机器人系统工程有限公司是由哈工大校友崔玥博士创办的专业从事工业机器人集成应用的国家级高新技术企业。1984—1993年，在哈工大连续9年由本科到博士研究生的高等教育，崔玥受益的不仅是掌握了科学的方法论，奠定了坚实的理论和实践基础，更重要的是树立起正确的人生观。

天津彼洋机器人系统工程有限公司是由哈工大校友崔玥博士创办的专业从事工业机器人集成应用的国家级高新技术企业。1984—1993年，在哈工大连续9年由本科到博士研究生的高等教育，崔玥受益的不仅是掌握了科学的方法论，奠定了坚实的理论和实践基础，更重要的是树立起正确的人生观。

"低调做人，踏实做事，睁开火眼看未来，凝聚匠心克难关。"这是天津彼洋机器人系统工程有限公司董事长崔玥的一句话，这句话一针见血地反映了当前国内机器人系统集成商在制订整体解决方案过程中所呈现出来的问题。此话也惊醒了那些迷茫的梦中人，给他们打开了指引方向的灯。

20余载，崔玥博士带领其高水准、专业化的团队过五关斩六将，突破了一个个大大小小的技术瓶颈，研制出具有彼洋机器人特色的自主产品，赢得了众多客户的信赖，一路走来有苦有甜，正是彼洋人的不屈不挠、不骄不躁，成就了今天的辉煌战绩!

来自细分市场里的专业力量：有眼光，更要有实力

"彼洋机器人的核心竞争力是技术和团队，我们的专业团队集中精力攻克技术难题，主打细分市场。"崔玥表示，彼洋机器人具备核心竞争力，在细分市场里，他们是能够提供专业自主的核心技术的。彼洋机器人集中精力致力于切割、焊接和上下料这三大细分领域，用过硬的技术和产品赢得良好的口碑、开拓市场。

"在所有的成功要素中，优秀的团队是最核心的！"谈到团队的建设，崔玥有其独到的看法。

优秀团队有几个标志：第一个标志是良好的带头人。这个带头人必须具有战略眼光，能够看到未来的技术走向和未来市场的需求，所谓技术眼光就是要看到未来，所谓市场还得接地气。

第二个标志是需要各方面的人才。有软件的，还要有硬件的；有电器的，也要有机械的；最重要的是还得有懂工艺的。目前做设备的很多人会忽视工艺，而所有的设备其实都是围绕着工艺展开的，所以有时工艺和工况是决定一个项目成功的关键。

第三个标志就是要凝聚团队力量。各个领域的人，怎么围绕着核心领域和核心市场、细分市场将他们聚到一起，这就需要人才进来之后进行培养，带头人需要统筹规划，让每个人都能发挥其特长，给他们上升发展的空间。

不做没有准备的炒作者

"你想在市场上有话语权，你想有比较好的利润。没有核心技术是站不

住脚的。"围绕目前国内市场系统集成这方面的难点，崔博士对如何克服技术难关、促进产业链的形成、加强智能化的深入等方面的问题做了详细解答。

"在具体某一个领域进行技术突破时，会遇到很多困难。"崔玥表示，在切割时的高度跟踪中，过去采用的是间接测量法，而这种方法并不能很好地反映高度距离。彼洋机器人为寻求突破，刻苦钻研，最终有了成果，现在已经能够做到精准距离控制。

彼洋机器人一直以来不断推出新产品，一个产品从实验室到市场，重点是要解决产业链的问题。这就需要设计环节、制造环节、服务环节等多个环节都能打通，并趋于稳定可靠。为此，彼洋机器人在产业化的过程中，加强管理组织和体系化建设等方面的工作，通过与学校合作，实现技术储备和人才培养。

"在未来几年里，彼洋机器人将深入离散型智能制造，进军3C、机械加工等各大应用领域市场。"彼洋机器人一直以来以超越自我、超越客户所想、给客户最好的产品为己任。在加工站到加工线这条道路上，彼洋机器人从未

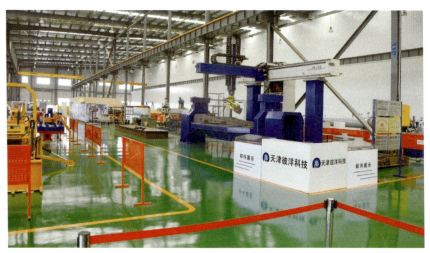

天津彼洋机器人公司车间内景

停止过脚步。在提升工厂智能化水平方面，彼洋机器人推出了十分优秀的系统集成解决方案，并获得了成功的推广经验。其中，由该公司推出的"离散型智能制造柔性生产线"项目就极具示范推广价值，对于制造业智能化升级改造具有较强的推动作用，吸引了大家的关注。

该项目广泛应用于智能工厂、教育培训等领域，巧妙运用智能仓储单元、清洗输送分拣单元、AGV物流运输单元、MES总控系统、离线仿真系统等关键设备，并结合机器人技术、数控加工技术、信息化、CAD/CAM、工业网络、非接触式检测、模拟仿真等先进技术，搭建成离散型智能制造生产线。该项目极大地满足了现代工厂的设计要求，达到生产过程的自动化、数字化、智能化。

目前，彼洋机器人已开始新的技术研发，并走在了行业的前端，据了解，彼洋机器人将切割与上下料、焊接与上下料进行智能化结合，让制造真正成为智造，让智慧工厂更智能。

开放包容，合作共赢

崔玥博士一直以开放的心态做人做事，不仅对同事、对客户、对同行，也包含供应商，讲的都是合作、双赢、多赢。当今社会，不仅要求智商高，而且情商也要高，还要有组织协调能力、运作管理能力、社交能力、激励能力等等，体现在经营活动的各个方面。国家振兴，单靠一个人、一个企业的力量是不够的，所以，彼洋机器人不仅自己努力研发，还积极为同行答疑解惑，无私奉献。这种开放、包容的科学态度获得了行业和客户的高度评价，形成了在行业的良好口碑。

近几年来，我国先后在高职和本科院校设置机器人和智能制造相关专业，许多教师对新设专业比较陌生，崔玥博士对于来电来访者有求必应，不厌其烦地为他们讲解工业机器人的历史、分类、应用的实际状况等，并提供了大量的无偿服务，包含课程体系的建设、教师的培训、多层级实训室的建设等。

在与教师接触的过程中，崔玥博士了解到我国的职业教育在许多地方需要加强实践，并与企业密切结合，于是深入进行调研，形成彼洋的机器人教育、实训理念，即"机器人及智能制造实训与产业应用无缝链接"，建立完善一套完整的人才培养体系。

公司以"理、虚、实"相结合的方法展开机器人教学。其中，"理"是与国家级出版社合作出版的教育专属教材，利用多媒体技术制作出针对各相关知识点的微课视频和与教材相匹配的PPT等课程资源；"虚"是利用虚拟仿真和VR、AR等计算机技术实现对工业机器人本体及其应用的模拟教学以

机器人实训室

机器人机械拆装 VR 软件

机器人电气拆装 VR 软件

及半实物仿真;"实"是针对客户的不同要求所提供的不同层级的基本教学实训工作站、各种应用工作站和智能生产线。

崔玥博士深刻地认识到智能制造是一个系统的工程,是一个生态,其中最重要的因素离不开人，更离不开对人的培养。

"哈工大培养了我，我的青春时光是在哈尔滨度过的，充实、丰富、记忆深刻又受益匪浅。我要用我的所学、所长，将这近40年在自动化、智能化方向积累的经验与大家分享。"

回顾历史，展望未来

物质世界逐渐富裕的时候，不要忘记给精神世界加点养料。"当一个人需要一种眼光展望未来时，应该跳出技术层面，站在整个人类社会的层面去看。"除了游泳、散步这些户外活动，崔玥博士告诉我们，"我喜欢看大片"。

不是单纯地看热闹，而是引发来自灵魂深处的思考。"那些战争题材的影片是对人性的拷问。"从那些影片中，崔玥博士便感受到，人类是情感动物，人类的进步离不开机器人的发展，但是，在未来物质生活逐渐富裕的时候，人们更多的是需要一种情感上的沟通。"未来的机器人有情感了，该怎么办？""未来如何让机器人智能化而又不具危害？"这是崔玥博士在看完科技影片之后的疑问与思考。

回顾历史，展望未来，做一个有情怀的企业人。在崔玥博士的带领下，彼洋机器人将更具文化内涵，做有温度更有风度的机器人！

脚踏实地、刻苦钻研，成就了今日的辉煌彼洋。不断超越、不断创新，未来已来，彼洋机器人将继续扬帆起航！

华北院 中的哈工大人

哈工大人与华北院

一、华北院概况

中国市政工程华北设计研究总院有限公司（以下简称华北院）成立于1952年，在2000年前是建设部直属设计院。2000年后隶属国务院国资委下属的中国建筑设计研究院。

2011年国资委将中国建筑设计研究院定为中央科技型企业整体改制上市试点单位。按照中国建筑设计研究院整体改制工作要求，经中国建筑设计研究院批复，2014年5月30日华北院企业改制工商登记名称由"中国市政工程华北设计研究总院"变更为"中国市政工程华北设计研究总院有限公司"。

2014年6月30日中国建筑设计研究院整体改制重组，成立"中国建设科技集团股份有限公司"。2014年9月华北院作为中国建筑设计研究院全资子公司，整体资产纳入中国建筑设计研究院改制重组后的"中国建设科技集团股份有限公司"，成为其全资子公司。

2014年9月华北院完成企业改制全部工作。

公司经过60多年的发展，已经在城市供水、污水处理、燃气、道路桥梁、集中供热、垃圾处理、中水回用、海水淡化、城市区域配套以及大型工业与民用建筑工程等专业领域成为集工程规划、工程咨询、工程设计、工程总承包、工程监理、运营等多项业务于一体的综合大型工程建设公司，拥有工程设计综合资质甲级资质，是国家高新技术企业，综合竞争力位于国内市政设计领域的前列。

目前，华北院有哈尔滨工业大学校友200多名，其中给排水相关方面的有吴凡松、李成江、张秀华、刘龙志、李金国等；燃气供热相关方面的有李建勋、王启、杜建梅、陈泓等；市政工程郑兴灿和李德强等。他们每个人都为各自的领域奉献了许多。我国城市的发展、华北院的发展，每个人都参与其中，这些与母校的培养是分不开的。

二、五个国家级科研技术质量中心依托或设在华北院

国家城市给水排水工程技术研究中心、国家燃气用具质量监督检测中心、建设部城市煤气技术发展中心、建设部给水排水设备产品质量监督检验中心、住房和城乡建设部燃气标准化技术委员会等国家级科研机构依托或设在华北院。华北院编辑出版的国家级核心刊物《中国给水排水》和《煤气与热力》两个专业期刊向全国发行。

李德强作为《中国给水排水》杂志社的主编，2001年毕业于哈尔滨工业大学市政环境工程学院市政工程专业。在工作中注重人才队伍建设，能够发挥老同志的传帮带作用，建立和培养了一支高水平的编辑队伍，《中国给水排水》杂志社多次被评为华北院先进集体。

三、组织架构

华北院现有10个专业设计院、2个科研院和相关的管理部门，拥有滨海分公司、浙江分公司、重庆分公司、西安分公司和广州分公司等29个分公司和5家全资子公司。

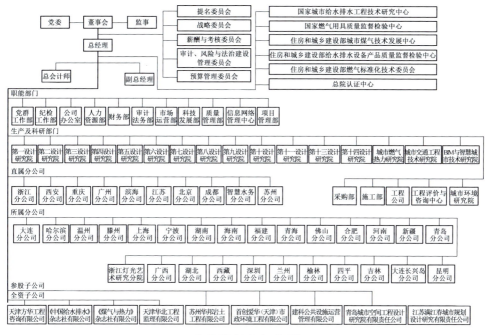

华北院组织机构图

四、人力资源情况

华北院现有职工1 800名，其中院士、全国勘察设计大师1名，享受国务院政府特殊津贴专家23名，天津市勘察设计大师3名，新世纪百千万人才工程国家级人选1名，天津市"131"人才工程第一层次人选5名，在职研究员级高级工程师100余名，高级工程师500余名，在职注册工程师280余人，全国勘察设计行业工程项目经理100余名。

其中院士、全国勘察设计大师李猷嘉，毕业于哈尔滨工业大学研究生班,任华北院顾问总工,他作为我国燃气领域第一位工程院院士,一生潜心研究著书立说,投身工程实践、融合世界发展主流将城市燃气化途径研究推向行业,他高瞻远瞩、奠定行业基础,推动我国城市能源政策、燃气发展规划稳步前行,他陪伴燃气行业成长发展与壮大,将一生奉献给中国燃气事业。

五、近几年取得的主要业绩和工作亮点

华北院坚持科学发展观,主动适应市场变化,积极拓展经营范围,不断优化主业结构,取得了令人瞩目的成就,华北院的经济实现了跨越式发展。

华北院以国家倡导的节能环保、发展循环经济、清洁能源利用、可再生能源利用等相关产业为主营业务。以科技创新做引领,以设计创优铸品牌,为全国30多个省、自治区、直辖市的数百个城市完成了上万项市政公用工程项目的设计、建设任务。承担设计的"引滦入津"、"西气东输"、"南水北调"、"广州西江引水工程"、"哈尔滨磨盘山引水工程"、"长沙引水及水质环境工程"、日处理污水170万吨的上海竹园污水处理厂(亚洲规模最大污水处理厂)和亚洲规模最大的供热锅炉房——天津金泰供热中心等项目,均属于关系国计民生的重大工程勘察设计项目。

(一)给排水专业

污水处理项目:2016年华北院中标一批污水处理项目,其中天津东郊污水处理厂搬迁及再生水工程,投资约36亿元,设计费3 768万元,占地面积401.1亩,污水处理规模60万吨/天,再生水规模为10万吨/天,

上海竹园污水处理厂

为亚洲最大规模的半地下式污水处理厂，污水处理出水接近国家地表水四类水体标准，为典型的高标准排放、高规格建设的大型污水处理厂标杆工程。

中标呼和浩特市辛辛板、章盖营两座污水处理厂深度处理工程，汉中市铺镇污水处理厂工程，烟台市区污水处理厂升级改造工程，邢台市污水处理二厂一期工程，沈阳市沈水湾污水处理厂提标升级改造工程等一批项目。

华北院设计的石家庄桥东污水处理厂从日处理污水50万吨扩建成日处理污水60万吨规模的大型污水处理厂，并对60万吨处理后的污水全部进行脱色深度处理。工程投资额6亿元，设计费858万元，项目竣工后在污水脱色能力方面为全国最大的污水脱色深度处理工程项目，在行业内具有重大影响力。

再生水项目：津沽再生水厂工程，工程总规模15万吨/天，近期规模7.5万吨/天，采用超滤反渗透工艺，工程总投资约2.8亿元，设计费364万元。

天津东郊污水处理厂

给水工程项目：公司中标长沙市第七水厂工程、郑州侯寨水厂工程等一批项目。其中，西安分公司中标的渭北工业园湾子水厂供水工程，总规模为日供水20万立方米，是华北院目前中标的规模最大的双膜法（超滤系统＋纳滤系统）饮用水处理项目。西安分公司在此基础上又中标了类似规模和工艺的甘肃庆阳给水项目。该项目对于探索对特殊水质做更进一步的处理技术意义较大。

引水工程项目：由华北院牵头设计的广州西江引水工程是我国近年来工程规模和投资额最大的引水项目之一，该项目是我国迎接亚运会的重点工程，工程规模为每天引水350万吨，工程总投资90亿元，局部采用盾构方式，工程在2010年9月胜利竣工通水。

华北院设计的引滦入津工程是一项由引水、输水、蓄水、净水、配水体系组成的综合性跨流域大型城市供水工程，年供水量10亿立方米，最高日供水量300万立方米，输水距离234千米，工程

湾子水厂鸟瞰图

难度及规模国内罕见。华北院仅用一年时间，就完成全部设计任务。工程竣工后，取得了重大的经济效益和社会效益，荣获国家优秀设计奖。

（二）燃气专业

在全国天然气发展过程（包括西气东输、陕气进京、引进液化天然气等）中，华北院做出了很大贡献。编制了《全国城镇燃气发展"十二五"规划》《全国城市天然气利用规划》等，编制了《城镇燃气技术规范》，重新修订了《城镇燃气设计规范》和数十项其他燃气工程标准规范。承接了约70%下游城市的天然气利用工程的规划和设计任务。在国家重点工程西气东输项目中，华北院荣获"国家西气东输工程先进集体"称号。华北院设计的引滦入津工程和深圳天然气利用工程被列入中国百年百项杰出土木工程。

乌海—银川焦炉燃气输气工程，工程规模为干线全长216.4千米，输气能力为16.1亿立方米/年，这项长距离输气管线迄今为止仍是国内最长高压输氢管线，设计费1 400万元；青岛开发区集中供热工程，采用的168兆瓦循环流化床锅炉是目前国内外单台容量最大的热水锅炉。

（三）热力专业

继2015年承接太原南部热电联产清洁能源集中供热工程后，2016年华北院中标了西藏自治区重点工程林芝市八一镇城市集中供暖工程，该项目规划面积1 100万平方米，预计总投资约20亿元，设计费6 144万元。另外还有西藏工布江达县城市集中供暖工程，长治市漳山热源集中供热管网工程，石家庄市废热利用集中供热，西柏坡电厂主管线工程等供热项目的设计任务。

乌海—银川焦炉燃气输气工程

（四）环卫专业

华北院环卫专业具有较强的技术实力和市场竞争力，通过充分发挥专业及市场优势，中标了一批项目，其中具代表性的有洛碛餐厨垃圾处理工程，工程总投资10亿元，合同额1 369万元。该项目废物处理种类之多、规模之大是目前中国之最，采用的新技术、新工艺、新设备也处于国内外垃圾处理行业的先进水平。徐州垃圾焚烧发电项目，总投资18亿元，处理规模每日4 000吨，属于特大型垃圾焚烧项目，设计费2 300万元。在三峡库区环保项目中，华北院完成了60个镇的垃圾处理项目和28个小城镇污水处理厂项目。

华北院承接了北京市顺义区生活垃圾处理中心焚烧二期工程，工程规模为近期700吨／天，远期1 000吨／天，投资额近7亿元，设计费1 237万元。项目建成后烟气排放指标优于欧盟2000标准，为国内第二个采用空冷技术的垃圾焚烧发电项目。项目建设规格处于国内领先、国际先进水平。

洛碛餐厨垃圾处理工程

三峡流域污染治理工程

（五）路桥交通专业

华北院中标了如皋市如通快速通道工程勘察设计项目，项目投资32亿元，项目路线全长28千米，合同额2 400万元。另外还有威海市环山快速路工程、巴南区龙洲湾B区（二期）市政道路工程、东胜区滨

北京市顺义区生活垃圾处理中心焚烧二期工程

河大道（210国道）工程、渝开大道道路工程等项目。

（六）区域配套专业

中标的永嘉三江商务区管线专项规划和道路网设计项目，该项目建安费约12亿元，项目区域面积10 421.7亩，设计费1 448万元。杭州大江东桥头堡区域农村环境综合整治工程设计，合同额4 500万元。中国微车配件产业基地基础设施项目勘察设计工程，合同额1 405万元。

华北院承担了内蒙古乌海市低碳产业园基础设施规划，园区面积98平方千米，工程投资140亿元。

（七）建筑及园林景观专业

华北院建筑及园林景观专业作为公司配套专业，近年来发展较快。目前城市基础设施配套、海绵城市、城市环境整治、河道治理等都包含大量的景观工程。中标的三工段横河综合整治项目，设计费2 188万元。滕州凤凰湖景观设计工程，设计费738万元。

华北院也积极承接天津市重点项目，服务于天津，为天津市的发展做出贡献。承担和参与了2008年天津市119项专项规划编制工作。承担设计的天津纪庄子污水处理厂搬迁改造工程设计规模日处理污水110万吨，总投资近60亿元，其出水水质为国家一级A的标准，成为我国大规模污水处理厂出水水质高标准的范例。承担了天津滨海新区大港海水淡化工程，日产水能力10万吨。这是目前国内规模最大的膜处理工艺的海水淡化项目，标志着我国海水淡化的利用取得了突破性进展。完成了中新生态城能源规划。承担了中新生态城垃圾气力输送系统的设计工作，实现国内最大、技术最先进的垃圾收集输送系统设计。

近年来华北院承接了一批海外工程项目。其中包括中国-白俄罗斯工业

滕州凤凰湖景观设计工程远期鸟瞰图

园市政基础设施项目；巴巴多斯西海岸污水处理工程，项目总投资约为1.74亿美元；土耳其长距离输水工程，其中长距离输水管线投资约4亿元人民币。

持续跟踪了一系列海外工程，如阿根廷布宜诺斯艾利斯市生活垃圾焚烧发电工程、阿根廷布宜诺斯艾利斯生活垃圾综合处理工程（北厂）、阿根廷科尔多瓦省生活垃圾分选填埋项目、印尼茂物市生活垃圾焚烧发电工程、孟加拉高架桥等项工程。

（八）天津华北工程监理公司

2016年相继中标几个合同，其中代表性的项目有：东郊污水处理厂及再生水厂迁建工程，沧州渤海新区阿科凌水源有限公司建设5万吨/天海水淡化项目，常州魏村水厂深度处理改造工程监理工程，武警后勤学院附属医院新建门急诊大楼监理项目，北京市延庆县城西再生水厂特许

天津纪庄子污水处理厂搬迁改造工程

天津滨海新区大港海水淡化工程

中新生态城垃圾气力输送系统

经营BOT项目工程总承包监理等。

（九）各分公司

2016年全年各分公司仍然保持了快速发展势头，它们克服困难，努力拼搏，取得了优异成绩，为全公司做出了表率。江苏分公司完成全年合同指标的226.02%，西安分公司完成全年合同指标的214.76%，浙江分公司完成全年合同指标的210.54%，重庆分公司完成全年合同指标的148.84%。

（十）工程总承包业务开展情况

2016年公司共新签总承包合同5项。其中具有代表性的有台州市水处理发展有限公司污水处理厂三期（EPC）工程，该污水处理厂处理规模10万吨/天，出水水质执行国家一级A标准，合同额2.32亿元；重庆走马垃圾二次转运站工程总承包工程，此项目为高度集约化转运站，包括生活垃圾转运、餐厨垃圾转运、大件垃圾破碎及转运、生活垃圾分选及转运等功能，合同额 1.92 亿元。

六、科技创新、科研、设计获奖以及专利申请情况

华北院完成的一批重点工程，其科技水平达到了国内领先水平，有的接近或达到同期的国际先进水平。华北院精湛的设计队伍和领先的设计水平赢得了国家和建设部的嘉奖。

近年来华北院已获得：全国优秀工程勘察设计金奖 4 项，全国优秀工程勘察设计银奖 4 项，国家优质工程银奖 3 项，全国优秀工程咨询成果奖 6 项，中国土木工程詹天佑奖 3 项，优秀工程项目管理和优秀工程总承包银钥匙奖 1 项。历年来华北院共获得工程设计项目国家级、行业和省部级优秀设计、质量及总承包奖近 200 项，国家级和省部级优秀咨询成果奖 100 多项。

近年来华北院主持完成了自主研发课题和国家课题 794 项，优秀科研成果 438 项，获得国家科技进步二等奖一项，获得省部级以上科技进步奖 76 项，共申请获得国家专利局受理专利 128 项，目前已获得授权的国家专利 93 项，软件著作权 6 项。

近年来华北院共承担国家"十一五"科技支撑计划 23 项，国家 863 计划 5 项，国家重大水专项 8 项，编制国家及行业的标准规范 56 项。承担"十二五"国家科技支撑课题 19 项，承担和参加的"十二五"国家重大水专项 9 项。已承担国家、住建部、天津市行业政策研究及标准规范研究编制共 67 项。承担天津市重大专项规划科研课题 6 项。

华北院研发技术成果转化已应用在全国 30 多个省、自治区、直辖市的数百个城市、县镇的 500 多个基础设施建设中，取得了很好的实效。

七、企业获得荣誉

华北院刚刚荣获"全国优秀基层党组织"荣誉称号，2015年获得"中央企业先进基层党组织"称号，获得由国家工商行政管理总局颁发的"全国守合同重信誉企业"荣誉称号。华北院连续十几年获得"天津市文明单位"荣誉称号。华北院团委获得"天津市五四红旗团委"。华北院被集团推荐为国资委系统的"法务工作先进单位"，2015年被评为国资委系统的"六五普法先进单位"。

李猷嘉

哈工大人在天津 HAGONGDA REN ZAI TIANJIN

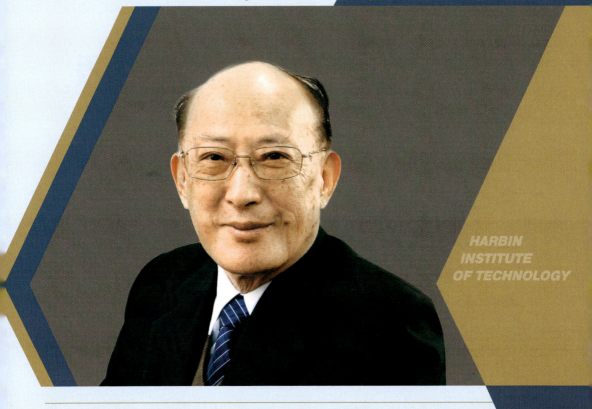

  李猷嘉，1932年11月生，江苏常州人，中共党员，燃气供应专家。是在党的培养和教育下成长的一名技术专家。1953年毕业于上海同济大学结构系工业与民用建筑结构专业；同年9月入哈尔滨工业大学研究班学习，因工作需要，改学供热、供燃气及通风专业；1955年，因苏联技术科学博士 A.A. 约宁教授来到哈工大，便主攻燃气供应方向。毕业后留在哈工大，先后担任土木系助教、讲师。1959年哈尔滨建筑工程学院成立后任燃气工程教研室主任。1978年调入中国市政工程华北设计研究总院。

燃烧的事业　　无悔的人生

——访中国工程院院士 李猷嘉

李猷嘉院士是我国第一届城市燃气供应专业研究生；他筹建了我国第一个燃气工程专业及最早的燃气实验室；作为总工，他完成了我国燃气行业唯一的国家级检测中心——国家燃气用具质量监督检测中心的筹建工作；2001年，他成为我国燃气领域唯一一位中国工程院院士。这位老人是耄耋之年仍然笔耕不辍著书立说的院士，还是有着共和国多项"第一"和"唯一"纪录的燃气供应专家。

1932年11月21日，李猷嘉出生在常州马山埠的一个知识分子家庭。父亲李东圩是当地教育界知名人士。受家庭熏陶，李猷嘉从小就对读书产生了浓厚的兴趣。可惜，1937年，他刚刚入小学不久，卢沟桥抗战就爆发了，全家只好"逃难"到苏北。1938年，李猷嘉又重新从小学一年级读起。艰苦的环境下，家里依然没有放松对他的教育。李猷嘉自己也勤奋学习，渐渐明白"将以有为"。上初二那年，日本无条件投降。经过艰苦卓绝的浴血奋战，中国人民终于取得胜利。欢欣鼓舞之余，李猷嘉对于未来也有了更多的期待。

1950年，李猷嘉成为新中国成立后江苏省立常州中学的第一届毕业生，考进了同济大学结构系工业与民用建筑结构专业。1953年9月，从同济大学提前毕业的李猷嘉因为国家需要被"分配"到哈尔滨工业大学研究生班，改学供热、供燃气及通风专业。1955年，因苏联技术科学博士A.A.约宁教授来校，李猷嘉便主攻燃气供应方向。1956年毕业后留校，李猷嘉先后担任土木系助教、讲师，开始了他的科研、教学和工程实践工作。

为庆祝中华人民共和国成立10周年，周恩来总理亲自审定设计方案，确定首都国庆十大工程建设。城市燃气是一个缺口专业，为支援建设，年仅26岁的李猷嘉奉命担任国庆工程中燃气工程设计总负责人，完成了人民大会堂、民族文化宫、民族饭店等工程的燃气供应设计，填补了国内空白。

在首都国庆工程的实践历练过程中，李猷嘉也有了一些专业设置方面的思考。第二次世界大战后，苏联开始大力发展天然气，建成了几条长输干线，融入了世界燃气发展的主流，而我国仅有的基础是煤制燃气。"要是能把煤制燃气、城市输配系统和燃气应用结合在一起，成立一个专业，会更符合我国的国情。"李猷嘉的想法得到了领导的支持。1959年，他牵头筹建我国第一个燃气工程专业，出版译作《煤气供应》，开始了极为艰苦的专业建设和最早的实验室建设工作。至1965年，我国第一个燃气工程专业已初具规模，为国家培养了大量人才，这些人才成为我国城市燃气事业战线上的骨干力量。1966年，李猷嘉又编著出版了专业图书《煤气燃烧器》。

在建设专业、培养学生的同时，李猷嘉也积极参与了许多工程设计、建设、运行、管理方面的工作。1961年，他负责沈阳市城市燃气规划，短期内完成了当时规模较大的燃气工程规划。1962年，他参加了我国的十年科研规划，作为城市燃气专业组成员，编写了代号为"2305"的项目计划……

1978年，在哈尔滨学习、工作、生活了25年的李猷嘉奉命调入中国市政工程华北设计院。

1979年底，作为负责人，李猷嘉承担了国家重点课题"我国大中城市燃气化途径研究"。该课题于1982年通过鉴定，成为随后制定我国城市能源政策、城市燃气发展政策和城市燃气发展规划的基础资料与依据。1980年新华社曾对这项研究工作发过内参，中央领导有过批示，城市燃气化的问题开始受到重视。同时李猷嘉科研工作取得了较好的社会效益，特别是"余气利用"正式成为国家计委的节能项目而得到很快发展。

随着社会的发展，燃气行业急需一个检测项目全又具有权威性的国家级质检中心。1987年，李猷嘉作为总工，开始筹建国家燃气用具质量监督检测中心。在当时情况复杂而又竞争激烈的条件下，经过不懈努力，我国唯一的燃气行业国家级检测中心终于在1990年通过验收，为国家燃气行业的技术监督起到了很好的作用。

这一期间，李猷嘉先后完成百余项工程项目的可行性研究与设计审核工作，其项目遍及全国各地。他还负责了由世界银行委托与意大利国家燃气公司的合作项目等国内外项目10余项，多次担任中国国际工程咨询公司大型项目审查专家组组长，如"陕甘宁天然气供北京可行性研究"等数项工程项目。20世纪90年代中期开始的"陕气进京"拉开了我国大规模使用天然气的序幕，使我国的燃气事业走上了与世界燃气共同发展的道路。1995年，李猷嘉完成的国家科委"八五"科技攻关项目"我国城市燃气的发展与前景"，为我国燃气事业的进步添了一把火。

2000年，李猷嘉因在科研上取得累累硕果而获"中国工程设计大师"称号。2001年，他又当选中国工程院院士，成为我国燃气领域第一位工程院院士。

西气东输标志着我国的天然气工业进入了一个新的阶段，进口俄罗斯等国的天然气也成为战略需求。"建设资源节约型与环境友好型社会"的提出，更是迎来城市燃气发展难得的机遇。在我国，大规模利用天然气才刚开始，燃气行业大有可为。李猷嘉说："我们这一代人年纪都很大了，为燃气行业的发展做了很长时间的铺垫和准备工作，能看到这个行业有如此美好的前景，感到很欣慰，并且对未来也充满了信心。"如今，李猷嘉正从事燃气科学技术与国际接轨的研究，包括设计规范的更新等方向，继续推进我国城市燃气的发展。

郑兴灿

　　郑兴灿，1983年7月获厦门大学微生物学学士学位，1998年5月获天津大学环境工程硕士学位，2001年6月获哈尔滨工业大学市政工程博士学位，1998年评为教授级高级工程师。

华北院的总工程师

主要任职：

中国市政工程华北设计研究总院有限公司总工程师；

国家城市给水排水工程技术研究中心总工程师。

荣誉奖项：

自1983年起，主持完成研究课题和工程设计项目80余项，评审审定800余项，在城市污水除磷脱氮、再生水利用、水处理设备产品、水环境治理等方面取得诸多重大创新成果和工程业绩。获国家及省部级科技奖、设计奖45项，其中，国际水协项目创新全球优胜奖1项，国家科技进步三等奖1项，省部级科技一等奖7项、二等奖6项，国家、行业及省部级勘察设计奖15项。

2002年至今担任国际水环境联合会（WEF）中国理事代表，2006—2011年担任国家"863"计划资源环境领域专家，2007年至今担任国家水体污染控制与治理科技重大专项总体组专家、城市主题专家组负责人，2010年至今担任住房城乡建设部科学技术委员会委员。获国家级有突出贡献中青年专家、享受国务院政府特殊津贴专家、新世纪百千万人才工程国家级人选、天津市工程勘察设计大师等荣誉称号。

主要贡献：

一、构建了我国城镇污水生物除磷脱氮工程技术体系并大规模工程应用

20 世纪 80 年代中期，在国内率先开展城市污水除磷脱氮国际前沿技术研究，国际首创了多点进水回流污泥反硝化生物除磷脱氮（改良 A2/O）工艺流程。随后针对我国城镇污水排放标准的变化，持续开发了一系列基于改良 A2/O 的工艺流程及工程实施模式，同时系统研究工艺机理和控制策略，形成适合不同地域的工艺方案及设计参数，并大规模工程应用。出版《污水生物除磷脱氮机理与动力学研究》《污水除磷脱氮技术》学术专著，理论与实用兼备，被引次数超过 600 次。在低碳氮比污水除磷脱氮方面达到国际领先水平。

二、构建了我国城镇污水高标准稳定达标处理工程技术体系并大规模应用

2007 年太湖严重水污染（蓝绿藻大暴发）事件后，创立了切合我国城镇污水高泥沙、低碳氮比、低水温等难点的"强化预处理→初沉发酵池→回流污泥反硝化环沟型改良 A2/O →悬浮填料强化硝化→化学协同除磷→机械过滤"高标准稳定达标及节能降耗省地工艺流程，创新开发了包含反硝化除磷、环沟型生物池流态、改良 A2/O 的主体工艺流程，具有强化惰性悬浮固体去除和内部碳源改善的初沉发酵池系统，解决冬季低温氨氮稳定达标难题的悬浮填料强化硝化系统，具有细微缠绕物和颗粒

物全拦截功能的平板式回流污泥格栅和内进流式超细格栅成套装备。攻克了我国特有而欧美未曾遇到过的动态复杂多变条件下城镇污水高标准稳定达标技术难题，工程应用规模高达5 000万立方米/天，出版专著两部。

三、强力推动我国城镇污水资源化能源化利用技术的创新发展与工程化应用

在课题研究中发现，城市污水可沉固体在特定环境下可转化为强絮凝能力活化污泥，形成碳氮分离能源化技术，国际首创化学－生物联合絮凝强化一级处理工艺，成功应用于170万立方米/天超大规模上海竹园第一污水处理厂工程。承担国家科技攻关课题，牵头完成城市污水再生利用战略、政策、标准、工艺和设备的系统性综合研究，形成系列化的再生处理工艺、再生利用水质标准和再生水示范工程，突破膜分离和臭氧氧化技术的工程应用，成果入选2003年"全国十大建设科技成就"。牵头完成水专项"城市污水处理系统运行特性与工艺设计技术研究"，围绕城市污水管网流量质量传递及污染物转移转化、污水除磷脱氮系统功能微生物群体响应机制、固定膜－活性污泥系统稳定运行机制及生态特性、微量有害污染物转移转化等方面，开展工程运行特性与技术机理及影响因素研究，为工程技术选择和精细化运行提供理论基础和技术指导。组织开展了高浓度污泥厌氧消化、沼气热能利用、磷酸盐回收、厌氧氨氧化和氮磷深度去除技术的集成研究和示范应用。

李建勋

　　李建勋，男，1960年12月生，汉族，吉林省吉林市人。中共党员，教授级高级工程师，注册公用设备工程师，压力管道设计审批人。1982年8月毕业于哈尔滨建筑工程学院（2000年并入哈尔滨工业大学）城市燃气热能供应工程专业，获学士学位；2004年11月毕业于加拿大魁北克大学项目管理专业，获硕士学位。现任中国市政工程华北设计研究总院有限公司副总经理，国家燃气用具质量监督检验中心主任，中国土木工程学会理事，中国土木工程学会燃气分会执行理事长。住房和城乡建设部市政公用行业专家委员会城镇燃气专家组成员，科技部专家委员会成员。

华北院的副院长

李建勋自大学毕业工作以来，一直在中国市政工程华北设计研究总院有限公司从事燃气工程设计咨询、管理和科研等工作。37年来，先后主持完成工程规划、可行性研究、设计在内的百余项工程设计和工程咨询任务。作为行业专家，经常参与土木工程领域设计审查和国家科研项目评审等工作。在国家核心刊物上发表科技论文14篇，国内外行业会议上发表会议论文多篇，多次参与行业发展和重要学科发展的研究探讨。所指导或承担的工作多次获得土木工程和工程设计行业国家最高奖，先后荣获中国土木工程詹天佑奖、全国优秀工程勘察设计行业奖和天津市优秀勘察设计奖等国家和省部级奖励共计23项，其中荣获中国土木工程詹天佑奖4项，国家优秀工程设计金奖1项，国家优秀工程设计铜奖2项，全国优秀工程勘察设计行业奖一等奖2项，天津市优秀勘察设计奖一等奖4项、优秀工程咨询成果奖1项。先后荣获住建部有突出贡献中青年专家，天津市"九五"立功先进个人，国家"西气东输工程"建设先进个人等称号。

李建勋善于思考，勇于实践。在工程实践中积极采用新技术、新工艺和新设备，科学采用先进设计方法，进行燃气行业探索性、前瞻性的工程设计和研究工作。带领团队先后指导完成了如重庆天然气改扩建工程——头塘储配站、杭州市天然气利用工程、南京轻油制气利用及唐山市燃气利用等几十项大型工程设计和咨询项目，在行业建立标杆性设计工程项目，为后续相关工程设计咨询及运行管理提供引领性、指导性的技术和实践经验。主持指导并作为主要起草人，编写国家标准《城镇燃气设计规范（GB 50028—2006）》，该规范为行业首部最具系统性、权威性的燃气类设计规范，为我国快速规范和科学发展燃气行业，保证工程质量及安全起到重要技术支撑作用。作为副主编，出版专著《城镇燃气与热能供应》，对城镇燃气与热力管道基本理论、技术和专业内容进行系统讲述，可为高校院所、科研机构和设计人员提供实用教材和行业参考。

李建勋勤于创新，积极参与国家级科研课题项目的技术研究工作。作为核心骨干成员，参与完成国家"十一五"科技支撑计划课题"城市市政管线检测与安全评价技术研究"，作为负责人主持其任务六"市政管线安全评价技术条件研究"（2006BAJ16B03-06），带领团队圆满完成了各项任务指标。"十三五"期间，作为国家课题组团队负责成员，参与国家重点研发计划课题"城市燃气独立供应场站关键设施性能检测与评价技术研究"（2018YFF0215004）立项、申报及后续研发工作，并担任其任务一负责人，目前各项科研工作正在顺利推进中。

李建勋严谨务实，热爱行业，积极推动燃气行业健康发展。2006年以来，兼任我国燃气行业组织——中国土木工程学会燃气分会相关工作，作为秘书长、执行理事长负责组织、管理和参与中国土木工程学会燃气分会的各项事务工作，为燃气行业整体健康、可持续发展提供方向性指引和权威路线规划。十几年来，将全国最高级的燃气行业学术性组织——中国土木工程学会燃气分会发展成目前具有600多位学会会员的全国性社团，分布在我国自气源端到应用端的全链条的不同行业部门，成为我国燃气行业参与国际燃气事务的窗口，发挥着越来越重要和不可替代的作用。每年度定期组织召开的学会年会和各专业组会议，成为燃气行业技术人员、管理者和从业者翘首期待、积极参与并展示、发声的全国性盛会，凝聚和鼓舞了行业人气和士气，为提高行业技术水平和安全管理能力提供了信息共享平台和媒介。

李建勋积极参与国际燃气组织事务活动，为我国燃气事业发展壮大发力。经住建部批准，中国土木工程学会燃气分会以中国燃气学会（China Gas Society，CGS）名义代表中华人民共和国在1986年成为国际燃气联盟（International Gas Union）正式注册理事。李建勋同志带领中国土木工程学会燃气分会（对外称中国燃气学会，为国际燃气联盟理事）全体会员，积极参与国际燃气联盟理事会事务。在任职期间，代表中国先后多次负责组织、推举中国团队竞选国际燃气联盟主席一职。2017年，中国人首次当选国际燃气联盟主席（任期为2021年至2024年），同时北京获得2024年在中国举行世界燃气大会的举办权，这也是我国首次承接该项国际级的行业盛会。负责组织并赢得世界液化天然气大会2019年在中国举行的申办工作，目前已经顺利举办和闭幕，为我国燃气行业赢得了声望和赞誉。上述工作的开展，为我国积极参与和介入国际燃气事务，创造和提供了最高等级的会议和组织平台。同时，李建勋积极扶掖后进，乐于培养国际型专业人才，组织国内燃气行业、技术骨干参加国际燃气联盟会议和活动，参与联盟工作；2018年，通过学会共推荐了12位新成员，参与新一届国际燃气联盟6个委员会、1个项目组的工作。这些都为我国燃气行业走向国际舞台、拓展国际视野，提供了技术和人才的储备。

哈工大人 在天津

张秀华
HAGONGDA REN ZAI TIANJIN

HARBIN
INSTITUTE
OF TECHNOLOGY

　　张秀华，1986年7月毕业于哈尔滨建筑工程学院（2000年并入哈尔滨工业大学）市政给排水专业。主持和参与完成城镇给水排水工程类规划研究、工程设计、工程咨询和国际合作项目180多项，主持和参与完成国家及省部级课题20多项。近十几年主要从事城市水环境系统规划设计和科学研究，同时也主持了城市市政基础设施信息化、数字化和智能化等方面的科研项目，取得一批创新科学技术成果。先后获国家及省部级发明奖、科技奖、优秀设计奖17项，参与制定国家行业标准2项，获得专利5项，参与完成专著3部，发表论文20多篇。曾参与国家部委组织的国家专项规划的编制。

华北院的副总工程师

张秀华，1986年毕业于哈尔滨建筑工程学院（2000年并入哈尔滨工业大学）给水排水工程专业，曾任中国市政工程华北设计研究总院有限公司技术发展部部长等职务，现任公司副总工程师、教授级高级工程师、注册环保工程师、高级项目管理工程师、住建部科技委协同创新专家委员会委员、中国水协城镇水环境专家委员会副秘书长。

长期从事市政基础设施领域的工程设计、技术研发和科技管理工作，主持和参与完成规划研究、工程设计、工程咨询、国际合作、国家及地方科研项目（课题）100余项，多次担任亚洲开发银行和世界银行技术咨询项目专家。获中国专利优秀奖1项，省部级科学技术奖15项，其中华夏建设科学技术奖一、二等奖7项，高校科技优秀成果奖二等奖1项，天津市科技进步奖一等奖1项；获省部级规划设计奖3项、优秀设计奖3项。参编工程技术专著2部，发表论文20多篇。

近年牵头完成的"十二五"国家重大水专项研究成果"中新生态城新型水环境系统构建与实施保障关键技术研究与综合示范"，获2018年度华夏建设科学技术奖一等奖；"十一五"国家科技支撑计划课题研究成果"城市市政管网系统科技示范工程",获2012年度华夏建设科学技术奖二等奖;国家科技计划"高效能新型初沉池设备的研制与应用"课题,发明成果获2016年度中国专利优秀奖。

  近年参与完成的10多项不同类型的课题研究,涉及城市水系统规划与构建技术、污水与再生水处理技术、模块化污水处理技术、绿色市政基础设施建设技术、城市安全保障等方面;作为主要完成人,参与编制亚行技术援助项目《绿色基础设施在中国的挑战》研究报告,以及国家标准《城市排水工程规划规范》的修编工作。目前承担"十三五"国家水专项"国家水体污染控制与治理技术体系与发展战略"课题中的城镇水污染控制与水环境综合整治整装成套技术研究工作。

王 启

HAGONGDA REN ZAI TIANJIN

  王启，1959年11月15日生，教授级高工。1982年毕业于哈尔滨建筑工程学院（2000年并入哈尔滨工业大学）。参加工作后，一直从事燃气输配工程、燃气燃烧与应用、新能源的开发与应用等工作。

华北院的城市燃气热力研究院院长

主要任职：

中国市政工程华北设计研究总院有限公司城市燃气热力研究院院长；

国家燃气用具质量监督检验中心常务副主任；

住房和城乡建设部燃气标准化技术委员会主任。

社会兼职：

中国土木工程学会理事；

中国土木工程学会燃气分会常务理事、副秘书长；

中国土木工程学会燃气分会应用专业主任委员；

天津大学兼职博士生导师。

工作成果：

组建国家燃气用具质量监督检验中心等；主编和参编燃气及燃气用具、设备等国家标准、行业标准20余项；作为副主编，出版专著2部——《天然气燃烧过程与应用手册》及《燃气检测技术手册》；发表核心期刊科技论文数十篇，国内外会议论文数十篇；申请国家发明专利 10 项，实用新型专利 20 余项，授权专利 12 项；获天津市科技成果登记 12 项；主持和承担国家级、省市级科研项目 10 余项。科研成果获省部级科技进步奖一等奖 1 项，二等奖 2 项，三等奖 4 项；获集团科技一等奖 3 项，二等奖 3 项。

获得荣誉：
获 2006 年度天津市"五一劳动奖章"；
"十五"天津市建设科技先进个人；
天津市总工会"七五"立功奖章。

学生培养：
王启兼任天津大学兼职博士生导师、西安交通大学兼职硕士生导师和天津城建大学兼职硕士生导师，先后指导 2 名博士后完成博士后在站工作并顺利出站，指导 2 名博士研究生完成博士学位论文，联合培养硕士研究生若干。

个人事迹：
一、机构平台建设

1982 年大学毕业后就职于中国市政工程华北设计院，从事城镇燃气研究工作。1987 年 1 月，国家经委批准在华北设计院成立国家级燃气用具检测中心，当时在华北院煤气研究所工作的王启，在院领导的支持下，带领研究所工作人员顺势而上，经过 3 年努力，检测中心于 1990 年通过验收，正式成立"国家燃气用具质量监督检验中心"（以下简称中心），成为我国唯一的燃气行业国家级检测中心。

王启带领工作人员，继组建中心之后又先后成立了"住房和城乡建设部燃气标准化技术委员会""天津市城镇燃气应用技术企业重点实验室""燃气器具认证中心"，在他的提议与推动下华北院成立了"博士后科研工作站"，致力于构建集标准编制、科研创新、实验检测、产品认证、人才培养于一体的城镇燃气领域一流平台，推动城镇燃气行业可健康持续发展。

二、扎根科研耕耘收获

自1982年进入华北院煤气研究所工作以来，王启扎根科研工作，30余年来主要从事燃气输配工程、燃气燃烧与应用、新能源的开发与应用等研究工作，研究燃气在储存—输配—应用过程中的工程应用、科研技术及标准规范等领域的热点与关键问题，获得了丰硕的科研成果。作为住房和城乡建设部燃气标准化技术委员会主任，王启主编和参编标准20余项，积极引导行业规范化发展，完善标准体系，提升行业技术水平，让行业有标准可依。同时，作为ISO/TC 161的中国代表，王启积极参与国际标准工作，提升了中国燃气在国际标准化组织中的地位。作为项目负责人，主持国家"十一五"科技支撑计划课题"城市燃气气源储配与应用关键技术"研究，在国内首次提出了燃具气质适应性区间测试方法并研发出实验装置，建立了通过实验测定的方法确定燃具对燃气气质广域适应性的技术思想，研发了国内首台燃气具燃烧特性动态测试实验装置和大流量精密配气装置，形成了完整的技术平台，填补了该项技术的国内外空白。项目荣获2012年度华夏建设科学技术奖一等奖。

李德强
HAGONGDA REN ZAI TIANJIN

哈工大人 在天津

　　李德强，2001年毕业于哈尔滨工业大学市政环境工程学院市政工程专业，2002年进入《中国给水排水》杂志社从事编辑工作，分别于2003年、2008年、2013年取得编辑（中级）、副编审、编审职称，历任编辑、编辑部主任、主编助理、执行主编职务；兼任住房和城乡建设部出版系列职称评选专家，天津市科技期刊学会副理事长。

华北院《中国给水排水》执行主编

自进入杂志社以来，我始终不忘"规格严格，功夫到家"的校训，踏实做好编辑工作，为业内搭建信息传播与成果转化的平台。从事编辑工作17年来，我共审阅稿件24 000余篇，编辑稿件逾2 000篇，完成近4 000万字的审读工作；结合行业需求，开设了"饮用水安全保障""污泥处理与处置""海绵城市""广州深层排水隧道"等专栏，使一批原创性成果和典型工程在《中国给水排水》得到了首发与首报，推动了水处理技术的创新与发展，保持了《中国给水排水》在水行业内的领先地位。

《中国给水排水》办刊成果显著，多次荣获天津市优秀期刊，其刊名被认定为天津市"著名商标"；2008年，《中国给水排水》被科技部评为中国精品科技期刊；2013年，在由国家新闻出版广电总局组织的首届"百强报刊"评选中，《中国给水排水》荣获"百强科技期刊"称号；同时，《中国给水排水》还连续7次入选北大图书馆"中文核心期刊"目录。

在办好期刊的同时，我结合行业热点组织、策划了"城市雨洪管理""饮用水安全保障""污泥处理处置""污水厂提标改造"等系列大型学术会议，其中，"污泥处理处置""污水厂提标改造"技术交流会的参会人数均近千人，是水行业参会人数最多、影响力最大的专题研讨会，取得了很好的社会效益和经济效益。与此同时,我还积极拓展对外交流,在2013—2016年与德国埃姆歇水协会合作成功举办了4期中德技术培训;与爱尔兰都柏林大学水研究中心合作,开设了3期"铝污泥基质人工湿地"专栏,拓展了期刊的国际影响力。

面对互联网和新媒体的冲击,我积极加以应对,完成了杂志在线采编系统的升级和网站的改版,开设了杂志微信公众号和微博。截至2019年3月底,微信公众号粉丝数已经超过了11万,在由南方周末绿色新闻部出品的中国绿色公号周榜中,稳居中国媒体绿色公号周榜TOP20的前八名,推动了刊网融合发展。

同时,我能够加强学习,不断充实自己,提高专业水平,在2005年成为首批注册环评工程师之一;能够结合本职工作进行总结,共发表编辑

组织全国"泵与泵站"知识竞赛

《中国给水排水》荣获 2013 年中国百强报刊奖杯　　《中国给水排水》获天津市第十一届优秀期刊特别荣誉奖奖杯

类论文 7 篇,其中,《实施全流程质量控制,打造精品科技期刊》一文荣获天津市科技期刊学会优秀论文奖。由于工作业绩突出,2009 年我被评为华北院"先进个人"。

我在工作中注重人才队伍建设,能够发挥老同志的传帮带作用,建立和培养了一支高水平的编辑队伍,《中国给水排水》杂志社多次被评为华北院先进集体;2018 年,在天津市科技期刊学会组织的首届"四优"评选活动中,荣获"优秀青年编辑""优秀编辑""优秀编辑部主任""优秀团队"全部奖项。

回顾近 20 年的工作历程,自己成绩的取得与母校的培养是分不开的——授我知识,教我做人。值此百年华诞之际,祝母校:积历史之厚蕴,更展宏图,再谱华章!

与荷兰 Mark 教授等国内外专家进行交流

参加天津市科学技术期刊学会年会

哈工大人在天津 刘龙志

HAGONGDA REN ZAI TIANJIN

HARBIN INSTITUTE OF TECHNOLOGY

　　刘龙志，1981年出生，2004年12月获得哈尔滨工业大学环境工程专业硕士学位，随后进入中国市政工程华北设计研究总院从事市政给排水设计工作，目前担任第二设计研究院副院长职务。他主持过各类咨询设计项目50余项，获得省部级以上优秀工程设计及咨询奖10余次，其中获全国优秀工程勘察设计一等奖2次、白俄罗斯杰出工程奖金奖1次、天津市优秀勘察设计一等奖2次，受理、授权专利3项，曾获"天津市青年岗位能手""天津市优秀共产党员""中央企业劳动模范"等荣誉称号，天津市五一劳动奖章获得者，2017年被推荐为天津市第十一次党代会代表。

华北院第二设计院副院长

在同事眼中,刘龙志敢于担当,专打硬仗,是名副其实的"工作狂"和大项目"专业户";他追求创新,思维活跃,总能提出创造性的解决方案,在行业形成示范,是公认的"技术达人";他立足行业前沿,服务国家重大战略,在新的领域不断获得突破。在同行眼中,他是被公认的少数能横跨污水处理、海绵城市、水环境治理、智慧水务等多个领域的知名专家,拥有良好的口碑。他主持的津沽污水处理厂、白俄罗斯中白工业园、玉溪海绵城市试点建设项目、九江市中心城区水环境治理项目等多个项目在行业内具有重大影响力和广泛知名度,创造了行业内多个第一。

2010年,年仅29岁的他被委以重任,承担天津市"十二五"期间重大生态环境项目——津沽污水处理厂的前期论证工作。该项目是国内规模最大、标准最高、功能最全的污水处理项目之一,设计规模55万吨/天,包含再生水、污泥处理、厂外管网在内,总投资近50亿元。他带领团队开展了长达一年的科学论证,听取各方意见,持续优化方案,为项目顺利实施打下坚实基础。工程设计阶段,他创新设计思路,严把技术细节,交出了一份代表国内最高水平的设计成果。2013年12月,这座代表我国新一代高标准大型污水处理厂的标杆性工程正式通水运行，在行业内形成了良好示范。

2013年，习近平主席提出"一带一路"伟大构想，华北院作为我国市政设计行业的国家队，积极响应"一带一路"倡议。2014年7月，公司指派他作为负责人赴白俄罗斯，负责中白工业园一期市政基础设施项目，该工业园是中国在海外投资的最大工业园区，是"丝绸之路经济带"的标志性、战略性项目，受到两国政府和领导人的高度关注。他带领中白两国设计团队驻扎项目现场，克服了语言不通、沟通不畅、标准不同等重重困难，仅用了半年时间便高质高效地完成了设计任务，设计成果一次性通过白俄罗斯政府审查。2015年5月，习近平主席和卢卡申科总统对建设中的工业园进行考察，他本人也受到了两国元首的接见。

2015年，国务院发布"水十条"，正式吹响黑臭水体、水环境治理号角，同年，中央政府提出建设海绵城市。他深刻认识到，新时期我国的治水思路和城市发展理念必将发生重大转变，水行业将迎来新的重大发展机遇。他从零开始，迅速组建技术团队，系统学习新的专业知识，快速转型到新的市场领域。

2016年10月，他带领团队中标国内最大的玉溪海绵城市试点建设项目，项目投资达36亿元，包含子项目众多，设计难度巨大。为保证工程建设效果，他带领30多人的设计团队驻扎玉溪长达一年半时间，对城市的每一个地块、每一根管网进行了细致调研，充分听取当地居民和各级主管部门的意见，不断优化设计成果，并全程进行施工现场指导。经过两年时间建设，玉溪海绵城市建设取得显著成效，城市内黑臭水体全部消除，内涝大幅缓解，人居环境全面提升。

2017年10月，习近平总书记在党的十九大报告中指出："以共抓大保护、不搞大开发为导向推动长江经济带发展。"2018年1月，国家发改委明确将长江经济带四个重要节点城市宜昌、九江、岳阳、芜湖作为首批共抓大保护试点城市。凭借过硬的技术实力和良好的口碑，他带领团队先后承担了九江、岳阳两个城市的水环境综合治理项目，投资分别达到77亿元和44.5亿元。目前，两个项目快速推进，取得的宝贵经验成功推广到长江经济带沿线其他城市中。

刘龙志长期致力于重大工程的咨询设计，工作中追求卓越，注重细节，精益求精，同时敢于打破常规，注重创新引领，在行业内提出了多项新的工艺技术和先进的设计理念，为行业发展做出了积极贡献。

在津沽污水处理厂项目中，成功采用了改进多级AO工艺、两级初沉污泥水解两项自主创新的新工艺，引进深床滤池反硝化、高浓度厌氧消化、磷回收等多项国外先进工艺，取得了良好的处理效果并达到节能降耗目标。在玉溪市海绵城市项目中，他带领团队自主研发了海绵介质土、改性湿地填料、模块化雨水花园、现状箱涵调蓄等一系列创新技术和产品，成功应用到国内多个海绵城市建设项目。基于玉溪、岳阳等多个项目取得的经验，他在行业内提出"海绵城市指标论转为方法论""增量思维向存量思维转变""以数据为核心的一站式服务"等多项先进理念，获得了同行的广泛认同。

刘龙志始终以"打造精品工程、创造美好生活"为自己的奋斗目标，坚持初心，满怀激情，在他深爱的环保事业中不断做出新的更大的贡献！

杜建梅

哈工大人 在天津　HAGONGDA REN ZAI TIANJIN

HARBIN INSTITUTE OF TECHNOLOGY

　　杜建梅，1969年出生，1991年毕业于哈尔滨建筑工程学院（2000年并入哈尔滨工业大学）热能工程城市燃气专业，中共党员，教授级高工，注册公用设备工程师（动力）。2009年被评为"博燃风云榜燃气青年精英"，2012年被中国勘察设计协会评为"CCDI杯首届全国勘察设计最美女设计师"。

华北院总院副总工程师

主要任职：

中国市政工程华北设计研究总院有限公司总院副总工程师、设计十院总工程师；

中国土木工程学会燃气分会第十一届理事；

中国土木工程学会燃气分会液化天然气委员会委员；

中国城市地下综合管廊产业联盟专家委员会委员；

中国工程建设标准化协会城市地下综合管廊工作委员会；

专业期刊《煤气与热力》编委会委员；

天津市土木工程学会第十届理事；

天津市勘察设计协会优秀勘察设计评优专家；

天津市建设领域科技专家库专家；

天津市防腐协会委员；

山西省发展和改革委员会投资项目评审中心评审专家；

太原煤气化集团公司专家委员会委员；

沈阳建设工程专家库专家。

个人业绩：

1. 工程设计方面

作为工程负责人先后完成了长沙、西安、珠海、江门新会、中山、鄂尔多斯、沁水、呼和浩特、包头、重庆等地大型天然气项目。负责的项目先后获得国家级、省部级优秀设计一等奖5项、二等奖3项、三等奖5项，优秀设计奖1项。其中，"重庆川气东送长寿至涪陵南川延长线工程"包括天然气场站6座，设计压力6.3 MPa的高压干线110 km、高压支线23.3 km，线路阀室5座，设计输气量29×10^8立方米/年，总投资69 732万元。该项目2013年获天津市"海河杯"优秀勘察设计二等奖（市政公用工程）、全国优秀工程勘察设计行业二等奖（市政公用工程）。

白涛末站全貌

建设中的江南清管站工艺装置区

施工中的长江定向钻穿越出土端（一）

施工中的长江定向钻穿越出土端（二）

近几年来，液化天然气（LNG）发展迅猛，作为工程负责人杜建梅先后完成了山西省晋城市沁水县煤层气液化工程、山西省晋城市阳城县煤层气液化工程、晋城煤业集团煤层气液化工程、香港中和能源产业投资有限公司汝阳LNG输配站及加气站项目等十余项液化天然气项目的设计工作。其中，"山西省晋城市沁水县煤层气液化工程"是当时国内规模最大的采用纯氮膨胀液化工艺的液化厂，也是山西省建设的第一座煤层气液化厂，该项目2010年获天津市"海河杯"优秀勘察设计一等奖（市政公用工程），2011年获全国优秀工程勘察设计行业一等奖（市政公用工程）。

（1）在该项目设计中，针对当时国内工艺包工艺单一、调节性差、耗能较高的特点，项目组自主研发了工艺包"天然气液化技术工艺与软

液化厂实景图

原料气压缩机房和氮气压缩机房

LNG围堰区（LNG单容罐及LNG泵）

液化工艺装置区

件包的开发",建立了自己完善的数据库,目前该项目投入运行,效果良好。

(2)根据工程建设情况,完成了科研课题"钢外护管真空在线动态定压复合低温保温(保冷)技术"的研究,并获得国家实用专利。

2.科研方面

已完成10余项华北院内部科研课题的研究。是"十三五"国家重点研发计划项目"城市地下综合管廊安全防控技术研究与示范"课题三"入廊高危(燃气、热力)管道及附属设施安全防护技术研究"的负责人;是"十三五"国家重点研发计划课题"城市燃气独立供应场站关键设施性能检测与评价技术研究"的主要参加人。

3.论文、技术报告出版、登载情况

先后在国内燃气界权威杂志《煤气与热力》发表文章10多篇。多次被邀请在国际和全国学术会议上做技术报告。

4. 参与国家相关标准、规范编制情况

在规范编写方面，作为主要起草人，主要编写、修订了国家标准《城镇燃气技术规范》《液化石油气供应工程设计规范》《液化天然气供应站工程设计规范》，行业标准《城镇燃气管道穿跨越工程技术规程》，天津市建设标准《天津市市政工程施工图设计审查要点》《天津市市政工程施工图设计审查常见问题》以及国家标准图集《综合管廊燃气管廊敷设与安装》《综合管廊燃气管道舱室配套设施设计与施工》等国家行业或规范、标准和图集等15项，且获省部级优秀建筑标准一等奖4项。

哈工大人在天津

陈 泓
HAGONGDA REN ZAI TIANJIN

HARBIN INSTITUTE OF TECHNOLOGY

  陈泓，1983年哈尔滨建筑工程学院（2000年并入哈尔滨工业大学）暖通专业毕业。中国市政工程华北设计研究总院有限公司教授级高级工程师，城镇供热热网专家，长期从事城镇集中供热项目的规划、技术咨询及设计、管理、组织等工作。对城镇供热运行优化、多热源并网调节及超长距离大高差供热管线设计咨询有着丰富的经验。

  温柔、谦和，是同事们对陈泓的评价。工作尽职守责，作风务实，有较强的图新求变意识并积极付诸实践，工作有热情，有责任心。

华北院一院副院长

作为热力专业出身的教授级高级工程师,陈泓对于重点项目(如太原热力工程、石家庄热力工程、大同热力工程、晋城热力工程),从工程前期的调研、方案确定,到与建设单位沟通交流、审查汇报,都全过程参与,使设计项目顺利承接下来。她工作上兢兢业业、任劳任怨,技术上刻苦钻研、锐意进取,生活上谦和可亲、使人如沐春风。陈泓院长勇于开拓、敢于担当,将她的青春、她的一生都奉献给了华北院。

大同热力一线

晋城热力

攻坚克难，勇攀技术高峰，长输供热一枝独秀

"古交至太原长输供热管道及中继能源站工程"项目供热面积广、输送距离长、地形高差大，还要穿越特长隧道，其设计难度前所未有。然而，陈泓作为第一项目负责人不惧困难与挑战，带领年轻的热力组，攻克一个又一个技术难关，亲临一线组织协调，保障工程如期顺利完成。该工程的实施，对于有效缓解我国北方城市热电联产集中供热热源不足问题，对于北方地区实现城际、省际联网供热大格局都具有非常现实的意义，使华北院的长输供

太古供热工程中继能源站鸟瞰图方案二

热技术达到了全国领先水平。陈泓的研究成果获得了巨大成功，投资几十亿的余热利用长输供热项目，济南、银川、大同、晋城等地的长输供热项目也接连慕名而来，极大地拓展了中国市政工程华北设计研究总院在供热市场上所占有的份额及影响力，国内领先，世界瞩目。

开拓进取，抢占新兴领域，智能交通大放异彩

近年来，城市交通拥堵问题日益凸显。中国市政工程华北设计研究总院抢抓机遇，以陈泓院长为带头人，迅速组建了智能交通专业。从零起步，自学相关理论知识，深入现场调研，陈泓同项目组一起学习，一起成长，最终圆满完成了长治世行贷款智能交通项目的设计任务。以此为契机，中国市政工程华北设计研究总院在智能交通领域越做越大，越做越强，先后承接了十几个智能交通项目，两次荣获"全国十大优秀规划设计奖"。在第六届中国智能交通市场年会上，华北院更是荣获"2016年全国十大优秀规划设计单位"的称号，被授予"中国智能交通产业30强"。

陈泓走上领导岗位后，仍事必躬亲，再忙也到现场交流汇报。经常有人劝她说："歇歇吧，还有这么多人干呢。"但她斩钉截铁地说："不，自己不下功夫，我睡觉不踏实。"她三十多年来如一日，以自己的实际行动诠释着华北院一代又一代创新敬业、创业拼搏的工匠精神。

李金国

哈工大人在天津 HAGONGDA REN ZAI TIANJIN

李金国，中共党员，1964年6月生，1984年9月至1988年7月就读于哈尔滨建筑工程学院（2000年并入哈尔滨工业大学）城建系给排水专业并取得学士学位。现任中国市政工程华北设计研究总院有限公司副总工程师。

华北院的副总工程师

专业领域研究成果：

多年来主要从事给水、污水、污泥处理处置及其资源化、水环境治理等方面的设计、管理工作，先后负责过北京市大兴区黄村污水处理厂工程、山东省文登市污水处理厂工程、河南省济源污水处理厂工程、山东省青岛市李村河污水处理厂工程、天津市北仓污水处理厂工程、浙江春南污水处理厂工程、哈尔滨市信义沟污水处理厂工程、包头市南郊污水处理厂工程、包头市东河东再生水厂工程、兰州市雁儿湾污水处理厂升级改扩建工程、扬州市六圩污水处理厂工程等30余项工程设计工作。

主要获奖情况：

青岛市李村河污水处理厂工程获国家优秀设计铜奖，北京市大兴区黄村污水处理厂工程获建设部优秀设计三等奖，邯郸市城市供水系统工程获天津市优秀勘察设计（市政类）二等奖，张家口市宣化区羊坊污水处理厂工程获河北省建设工程勘察设计二等奖，扬州市六圩污水处理厂工程获天津市"海河杯"工程勘察设计二等奖，兰州市雁儿湾污水处理厂升级改扩建工程获天津市"海河杯"工程勘察设计三等奖。

论著情况：

《扬州六圩污水厂的工艺改进及优化控制设计》《春南污水处理厂悬挂链曝气器工艺设计》《包头市污水处理工艺的选择》《奥贝尔氧化沟在污水脱氮中的应用》《大兴县黄村污水处理厂设计特点》《瓦德布CDD污泥干化系统介绍》《碱度对生物脱氮工艺的影响及其调控》等。

科研方面：

主导大兴污水厂改扩建工程工艺验证试验——短程脱氮MBR工艺研究、上流式固定床曝气生物滤池研究，参与改良A2/O工艺的外加碳源应用研究、城市污水厂湿污泥循环流化床一体化焚烧技术研究及技术示范等课题研究。合作获得"双环沟MBR废水处理系统"发明专利一项。

河北工业大学
中的哈工大人

两个 HIT 同一个梦想
——河工大里的哈工大人

一、两所工业大学介绍

在我国高等学校中,"工业"大学是指学校名字包含"工业""工学院"的大学。报告显示,在最新艾瑞深中国校友会网 2019 中国大学排名 1 200 强中,哈尔滨工业大学、西北工业大学、合肥工业大学、浙江工业大学、北京工业大学、齐鲁工业大学、南京工业大学、广东工业大学、河北工业大学、天津工业大学位列中国工业大学排名前十强,是中国工业高校中综合办学实力、办学水平最强的十所大学。同时,哈尔滨工业大学和河北工业大学也分别都是跻身国家"双一流"建设高校名单的全国仅有 6 所"工业"大学之一。

1. 哈尔滨工业大学

哈尔滨工业大学(Harbin Institute of Technology)简称哈工大(HIT),由中华人民共和国工业和信息化部直属,中央直管副部级建制,位列国家首批"985 工程、211 工程、世界一流大学建设高校 A 类",入选 2011 计划、珠峰计划、111 计划、卓越工程师教育培养计划、国家级新工科研究与实践项目、国家级大学生创新创业训练计划、国家大学生创新性实验计划、国家建设高水平大学公派研究生项目、中国政府奖学金来华留学生接收院校、全国深化创新创业教育改革示范高校，是九校联盟（C9）、中国大学校长联谊会、卓越大学联盟、中俄工科大学联盟、中国－西班牙大学联盟主要成员，设有研究生院和国家大学科技园，拥有研究生自主划线资格，是一所以理工为主、多学科协调发展的国家重点大学。

学校始建于1920年，1951年被确定为全国学习国外高等教育办学模式的两所样板大学之一，1954年进入国家首批重点建设的6所高校行列（京外唯一一所），是新中国第一所毕业生直接被授予工程师称号、研究生三年制的理工科大学。1996年进入国家"211工程"首批重点建设高校。1999年被确定为国家首批按照世界知名高水平大学目标重点建设的9所"985工程"大学之一。2000年与同根同源的哈尔滨建筑大学合并组建新的哈尔滨工业大学。2017年入选"双一流"建设A类高校名单。

2018年9月，哈工大已拥有哈尔滨、威海、深圳三个校区；本部校园面积5 212.35亩，建筑面积202.69万平方米；专任教师3 045人，在校学生人数46 138人。

2. 河北工业大学

河北工业大学（Hebei University of Technology）坐落于中国直辖市天津，由中华人民共和国教育部与河北省人民政府、天津市人民政府共建，是隶属于河北省的一所国家世界一流学科建设高校、国家"211工程"重点建设高校，入选中西部高校基础能力建设工程、卓越工程师教育培养计划、河北省国家一流大学建设工程、天津市高水平特色大学建设项目、国家建设高水平大学公派研究生项目、中国政府奖学金来华留学生接收院校、国家级新工科研究与实践项目、首批高等学校科技成果转化和技术转移基地,纳入天津市高等教育发展的总体布局,是全国唯——所异地办学的211大学。

河北工业大学前身为创办于1903年的北洋工艺学堂,之后相继更名为直隶高等工业学堂、直隶高等工业学校、直隶公立工业专门学校、河北省立工业专门学校、河北省立工业学院、河北省立工学院、河北工学院,1951年与北洋大学合并为天津大学,1958年恢复重建,1962年与天津工学院合并改称天津工学院,1971年复名河北工学院,1995年定名为河北工业大学。

截至2018年9月,学校总占地4 000余亩,建有天津校区和廊坊分校,其中天津市北辰区主校区占地面积3 063亩;校舍总建筑面积90万平方米;学校固定资产总值20亿元,建有河北省首家省部共建国家重点实验室,藏书210万册;设有19个党政管理机构,12个教辅、直属机构和20个教学机构,有71个本科专业;教职工总数2 567人,专任教师1 482人,有全日制在校学生23 738人。

二、两校渊源——相近的办学理念

哈尔滨工业大学英文缩写为"HIT",麻省理工大学英文缩写为"MIT"。多年来,将哈工大建设成"中国的麻省理工"已成为哈工大人的共识。周玉校长表示,通过参考学习麻省理工的先进理念和做法,明确发展方向,在国家的大力支持和全校师生共同努力下,一定能把哈工大建成"中国的麻省理工"。

河北工业大学建校初期,时任河北省立工业学院院长魏元光在美国留学时对麻省理工学院的办学理念非常欣赏,他立志要把河北省立工业学院办成"中国的麻省理工"。也正因为此,他在校徽设计中借用了麻省的形象和理念,学校的英文缩写定为 HIT(Hebei Institute of Technology)。

同样的办学理念,使两校具有相似的学科设置和门类。正因为如此,一批又一批哈工大人调入或毕业后直接选择加入了河北工业大学,继续自己的科研和教育生涯。截至 2019 年,正在和曾在河北工业大学工作的哈工大校友已逾百人,其中不仅包括具有广泛影响的大家,也包括意气风发的青年。值此母校百年校庆之际,我们向母校汇报,为共同的强国理想和办学理念奋斗!

孟庆龙

哈工大人 在天津 　HAGONGDA REN ZAI TIANJIN

　　孟庆龙，男，教授，低压电器领域知名专家，现已退休。1952年本科毕业于北京大学电机工学系，1955年研究生毕业于哈尔滨工业大学电器专业。1974年调入河北工业大学，任电气教研室主任、系主任、博士生导师。在国内外发表论文70余篇，编审出版21部著作，其中主编6部著作：《电器计算机辅助分析与设计》《电器制造工艺学》《电器数值分析》《电器计算机辅助设计》《电器结构、工艺及计算机辅助工艺规程设计》《电器制造技术手册》。

爱国奉献　电器先驱

生于动荡，求学报国

孟庆龙生于1928年，历经抗日烽火，却依然坚持求学。在那个动荡的年代，他在初中上学时读书看报，得知若三峡建设水电站便可以供大半个中国的用电，从那时起，他就坚定了自己学习电气专业的信念，希望以后可以为国家做一份贡献，尽一份心力。孟庆龙是一个十分具有爱国精神的人。他说，要做好一个老师，首先要做好一个中国人，要具有爱国精神。孟庆龙求学过程中遇到了很多困难，可他依然坚定地为了自己的信念努力着，在他的父亲、叔父等家人的支持下，1949年他考上了北京大学工学院。1952年，他毕业于此，后又分配到哈尔滨工业大学继续电器专业研究生学习，在那里他学到了更多精深的专业知识。当时的哈尔滨工业大学采取的是苏联模式的教育体制，特别注重理论联系实践的方法，这些对他产生了极大影响。1955年，他作为新中国第一批电器专业研究生之一毕业了。毕业之后，他留在哈工大任教。1958年国家开始贯彻教育与生产劳动相结合的教育方针，于是，他被抽调出来大办工厂，当上了办公室主任和生产技术科长。可是他是电器研究生出身，对生产、制造机械并不熟悉，为了完成当时的生产任务，他亲自下车间向工人学习，探索机械制造工艺方面的知识，经过不断的摸索学习，他终于对机械制造的相关工艺有了初步的了解，而这段经历也为日后他进行电器制造工艺的教学科研和书籍的编写奠定了基础。

结缘河工大，振兴电器

孟庆龙是河工大电器专业的开创者之一。1974年孟庆龙进入河北工学院。这是偶然，是巧合，却也是注定。当时许多哈工大的教师都希望回到南方家乡发展，孟庆龙也不例外，恰巧当时华北地区多数高校中只有河北工学院开设了电器专业，于是，孟庆龙也就自然而然地来到了那里任教。

虽然当时河北工学院开设有电器专业，可实力并不强，在国内也没有什么知名度。孟庆龙到来后，为了把河北工学院的电器专业推向全国，打出名气，采取了一系列的措施来壮大河北工学院的电气学院。在教学方面，他重视教学质量的提高，积极进行科研活动，丰富教学内容，狠抓教学质量，争取给学生们最完善、最细致、最前端的系统理论知识。在实践方面，他重视理论联系实际，十分看重学生的生产实践活动。为了提高学生的实践动手能力，将河北工学院的学子推向全国各地，他到省和国家教育主管部门申请将学校的电器专业毕业学生分配到全国各地，同时电器专业的学生要到全国电器工厂去实习，而不仅仅局限于河北省内的工厂。这一做法让学生们有更多的机会进入相对大型的工厂去实习和学习，更大程度地提高了他们的实践能力以及工作能力。除了将河北工学院的学子推向全国实习之外，他在机械工业部电工局支持下还组织短期电器新技术培训班，召集全国电器厂工程师来河北工学院进行培训。通过这一举措，越来越多的人知道河北工学院开设了电器专业，河北工学院的电器专业也开始在全国小有名气。他不仅严抓教学及实践，还组织学院内的教师、同学积极参加全国性的学术活动和行业会议，进行学术交流。在孟庆龙及当时师生的共同努力下，河北工学院电器专业得到了巨大的发展，逐渐在同专业中崭露头角。

刻苦研究，成绩卓著

孟庆龙可以说是中国电器专业的专家。他不仅工作时认真教学，刻苦钻研，退休后，依然密切关注电器行业的发展，还利用闲暇时间对之前的教材进行改编。他勤奋治学，致力钻研，取得了丰硕的成果，例如，PKCAD/CAM/CAPP系统、继电器专家系统、电器优化设计等软件系统的开发与应用。

孟庆龙身为全国教材编写委员会委员，还编写了我国电器行业第一本CAE/CAD和电器制造工艺等教材。他在国内外发表论文70余篇，编审出版21部著作，主编《电器计算机辅助分析与设计》《电器制造工艺学》《电器数值分析》《电器制造工艺技术手册》等著作。孟庆龙不仅在电器专业方面取得极大成就，在其他领域也取得了许多成绩。1988年12月他荣获机械委科学技术进步奖，编写的《电器结构、工艺计算机辅助工艺规程设计》获国家机械局三等奖，并获得国务院政府特殊津贴专家荣誉称号。孟庆龙勤勤恳恳，默默奉献，为我国电器行业做出了巨大贡献。

春风化雨，桃李遍地

孟庆龙从教四十余年，培养出一代又一代的电器人才。他积极争取电器专业培养研究生，电器专业在1983年开始招收研究生。1985年他培养出了他的第一个电器专业研究生王赞明，后王赞明去德国深造，现在美国进行相关研究。杨庆新是他培养的第二名研究生，是第一位获得河北工学院电器专业硕士学位的学生。孟庆龙培养出了许许多多的人才，他在哈工大和河北工学院培养的学生，有的分配到天津105厂（航空电器制造厂），有的担任总工程师职务。在他看来，能否把一个学校、一个学院办好受许多方面的影响。其中，教师的质量格外重要，不仅应要求老师有足够的底蕴与文化素养，还需要老师能够表达出来，能够真正地讲出东西来。而针对培养学生方面，不要只追求招生数量，重要的是要严抓学生质量，这也是需要教师进行严格控制和把关的。同时，老师和学生更需要有创新精神，搞有价值的科研项目。设置严格的教学制度，严肃学风学纪，不声张，不宣扬，踏踏实实、勤勤恳恳，实现高水平的办学。这是从教四十年的老教授的经验，更是孟庆龙最美好的希冀与祝愿。他来河北工学院后的工作，为以后培养博士生奠定了基础，经过同行业专家评审认证，他获得了电器专业申报博士生导师的资格。

爱国奉献，无怨无悔。仰之弥高，钻之弥坚。春风化雨，润物无声。这就是孟庆龙最真实的写照。

韩 旭

哈工大人在天津　HAGONGDA REN ZAI TIANJIN

　　韩旭，男，汉族，1968年6月生，河北省张北县人。国家杰出青年科学基金获得者，教育部长江学者特聘教授。现任河北工业大学校长、机械工程学院教授、博士生导师。长期从事基于数值模拟的复杂装备先进设计理论与方法研究，主要在计算反求、快速计算和不确定性优化等方面开展理论和算法研究。曾获国家科技进步奖二等奖、教育部自然科学奖一等奖等奖项。

复杂装备先进设计领导者

我于 1986 年考入哈尔滨工业大学工程力学系。在母校四年的本科学习让我打下了扎实的理论基础,特别是数学力学的系统训练使我受益终生。尤其在本科毕业设计阶段,在王宏钰教授的指导下,我编制了一套应用于结构热应力分析的有限元程序,这可以说是我一直在计算力学领域开展研究和拓展应用的一个良好开始。本科毕业后,我回到家乡张家口煤矿机械厂工作,将结构分析与优化设计等知识应用到具体的产品研发和实际中,对煤矿机械装备的自主研发和性能提升发挥了重要作用。技术员生涯让我对求学深造如饥似渴,为了更好地提升自己的业务能力和水平,1995 年,我坚持着求学科研梦想,带着生产实践过程中发现的各种问题考取哈工大研究生,师从赵经文教授潜心刻苦学习研究。研究生毕业后,在赵老师的大力推荐下我继续到新加坡国立大学攻读博士学位,而后在新加坡南洋理工大学机械及制造系做博士后,在新加坡国立大学工程科学计算研究中心担任经理。尽管工作和生活条件相对优越,但是在母校爱国奋斗优良传统的感召下,我于 2004 年毅然回到祖国,在祖国的热土上更加努力地辛勤耕耘，洒下汗水，收获硕果。回国后，我来到湖南大学工作，主要从事复杂装备设计和高性能数值计算方法的研究。其间，历任机械系主任、机械与运载工程学院院长、国家高效磨削技术研究中心主任、湖南大学副校长，先后主持了国家自然科学基金群体项目、杰出基金项目、国防"973"项目、国防预研重点项目、国家自然科学基金重大（点）项目等。作为第一完成人获国家科技进步奖二等奖、湖南省科技进步奖一等奖、中国机械工业科技进步奖一等奖、教育部自然科学奖一等奖，先后获得国家杰出青年基金获得者、国家创新人才推进计划中青年科技创新领军人才、教育部"长江学者"奖励计划特聘教授、全国百篇优秀博士论文指导教师等称号或奖励。

面对京津冀协同发展的国家战略，面对家乡河北省经济社会发展的关键时期，在母校强烈家国情怀的影响下，我服从组织安排，于2016年9月调入河北工业大学工作。河北工业大学的前身是创办于1903年的北洋工艺学堂，是我国最早培养工业人才的高等学校。117年来，学校始终秉承"兴工报国"的办学传统和"勤慎公忠"的校训精神，形成了"工学并举"的办学特色，为国家培养了30余万名优秀毕业生。学校1996年跻身国家首批"211工程"重点建设高校行列；2014年由河北省、天津市和教育部共建；2017年，入选国家"世界一流学科"建设高校。当前，学校正全面贯彻党的十九大精神和全国教育大会精神，坚持立德树人根本任务，扎实推进"世界一流学科"建设，重点打造一流本科教育，着力提高服务区域经济社会发展的能力，不断加强教师队伍建设，积极推进国际化办学，不断提高办学治校水平，努力推动学校各项事业实现新跨越、迈上新台阶。

哈尔滨工业大学与河北工业大学都有着光辉的建校历史和发展历程，两者校名仅地名之差。因此，我感觉能够经历两个工业大学既是一种巧合，也是一种荣幸！我决心努力为河北工业大学和母校哈尔滨工业大学的发展贡献力量，不断增进两校之间兄弟院校的情谊，让这两所工大"比翼齐飞"，共同为我国高等教育事业发展、为早日实现中华民族伟大复兴贡献力量！

一路走来，都在传承"铭记责任，竭诚奉献的爱国精神；求真务实，崇尚科学的求是精神；海纳百川，协作攻关的团结精神；自强不息，开拓创新的奋进精神"的哈工大精神。感谢母校，祝母校下个百年更辉煌！

吕志伟

哈工大人在天津 HAGONGDA REN ZAI TIANJIN

吕志伟，教授、博士生导师，长江学者特聘教授。1982年厦门大学物理系毕业，获理学学士学位；1987年哈尔滨工业大学电子物理与器件学科毕业，获理学硕士学位；1993年哈尔滨工业大学物理电子学与光电子学学科毕业，获工学博士学位。

高功率激光推动者

吕志伟现任河北工业大学党委常委、副校长,国防科技创新团队带头人、教育部创新团队带头人,教育部高等学校电子信息类专业教学指导委员会主任,中国工程教育专业认证协会第一届学术委员会委员,中国工程教育电子信息与电气工程类专业认证委员会委员,中国光学学会激光专业委员会副主任,《中国激光》《电气电子教学学报》副主编,《中国光学》编委,某电子领域专家组成员,国家重大专项专家组成员,"物理光学"国家精品课和国家精品视频共享课负责人。曾任哈尔滨工业大学教授(1995—2017年)、博士生导师(1997—2017年)、可调谐激光技术国家级重点实验室主任(2003—2015年)。荣获航天工业总公司跨世纪学术带头人、教育部跨世纪优秀人才、黑龙江省优秀中青年专家、国务院政府特殊津贴专家等称号。

吕志伟主要从事高功率激光技术与器件、激光与物质相互作用、靶场光学及光电控制技术等领域的研究与教学工作。作为项目负责人主持完成国家重大专项项目、国家重大科技工程项目、国家863高技术项目、国家自然科学基金重点项目、科技部国际合作重点项目等科研项目50余项，科研经费 1.8 亿元。研究工作曾获得军队科技进步奖一等奖 2 项、黑龙江省科学技术奖（自然类）一等奖 1 项、航天工业总公司科技进步奖二等奖 1 项、教育部科技进步奖三等奖 1 项等奖励。发表学术论文 300 余篇，授权发明专利 24 项。

吕志伟在受激布里渊散射光学技术及其在高功率激光中的应用研究领域开展了系统性的研究工作，提出了双池受激布里渊散射激光脉宽连续可调技术，提供了一种新的高效率、高光束质量、方便价廉的激光脉冲宽度连续可控方法；提出了提高受激布里渊散射光学相位共轭保真度和稳定性的预脉冲技术，把受激布里渊散射相位共轭镜的可应用范围，从明显大于布里渊介质声子寿命的较长激光脉冲拓展到了亚纳秒短脉冲激光；提出了新型的受激布里渊散射相位共轭结构和介质系统，将受激布里渊散射相位共轭技术的适用范围拓展到了高功率激光系统中；在大型激光装置中实现了高效率的受激布里渊散射百皮秒激光压缩放大；首先进行了受激布里渊散射光限幅研究，提出了受激布里渊散射光限幅用于高功率激光系统安全运行防护设想；提出了高功率激光受激布里渊散射串行激光功率合成方法；提出了光纤中受激布里渊散射慢光环形结构，实现了 0～18 微秒连续可调的慢光延时；建立了基于受激布里渊散射原理的测量介质布里渊频移和布里渊线宽的新方法和测量超窄激光线宽的新方法；等等。在本领域的研究工作已经进入国际前列。

在新型激光与可调谐激光研究领域，吕志伟首次实现了钠双原子分子第一三重态跃迁激光振荡，探明了其动力学过程，解决了对第一三重态跃迁激光产生机制问题的长期争论；首次实现了钠双原子分子 B-X 跃迁脉冲蓝绿激光振荡，对共上能级三能级二聚物激光系统，提出了一种能够准确测量其增益系数的新方法，并设计了一种能充分利用此类系统增益特点同时消除初级像差的环形谐振腔；首次实现了钠双原子分子中的一个四波混频相干可调谐输出，这是碱金属双原子分子体系中观察到的第一个四波混频过程。

在靶场光学与光电控制技术研究领域，作为项目负责人和项目总师，吕志伟主持完成了惯性约束聚变激光驱动器"神光Ⅲ原型装置靶场光电及控制系统"的研制、设计和建造任务，为我国惯性约束聚变激光驱动器的发展进步做出了贡献。系统通过采用"基于高分辨率共轭式靶面传感器的靶定位与多光束弹着点精确引导与任意调控技术""基于先进机器人的自动换靶技术以及以打靶流程为牵引的靶场光机电集中控制等一系列先进的靶场综合控制技术"，实现了光束引导闭环化、打靶流程程序、数据管理自动化。

李铁军

哈工大人在天津　HAGONGDA REN ZAI TIANJIN

　　李铁军，1967年生，1994—1997年在哈尔滨工业大学机器人研究所攻读博士学位。现任河北工业大学党委常委、副校长，教授、博士生导师。长期从事机器人技术及应用技术的教学与科研工作。河北省突出贡献专家。兼任中国自动化学会建筑机器人专委会副主任、中国人工智能学会智能制造专委会常委、京津冀智能制造产业创新战略联盟副理事长。

建筑机器人践行者

李铁军现任河北工业大学副校长、国家自然科学基金评审专家、"863"计划机器人主题项目评审专家、科技部国家科技专家库专家、中国自动化学会智能制造专委会常委、中国自动化学会建筑机器人专业委员会副主任、中国机械工程学会高级会员、河北省高校创新团队领军人才、河北省中青年突出贡献专家、天津市重点领域创新团队带头人、京津冀智能制造产业技术创新联盟副理事长等职务。入选河北省"百名优秀创新人才支持计划""'三三三'人才一层次"等人才计划,所带团队入选"天津市高层次创新创业团队特殊支持计划"。主持完成了国家"863"计划、"十二五"国家科技支撑计划、国家自然科学基金、河北省智能制造重大专项、天津市智能制造重大专项及企业工程项目等45项。研制的人民币自动化生产线、室内大型板材安装建筑机器人、高空幕墙安装作业机器人系统、移动式幕墙作业机器人、助力搬运机械手、电动助力车等均实现了产业化推广。发表高水平学术论文和专题报告70余篇,获授权专利28项,获省部级科技奖励3项。

李铁军长期从事建筑机器人、智能感知与信息融合、机电一体化技术等方面的研究工作。在人机协作建筑机器人、智能感知、多元信息融合与复杂机电系统状态监测方面有较深厚的研究基础。所开展的"智能制造"研发方向，切合我国实施制造强国战略的行动纲领和我省工业转型升级的规划需求，与国家最新发布的《新一代人工智能发展规划》中的机器人技术有着很高的契合度，对促进提高国家在智能制造、机器人、人机协作、智能感知等领域的科技创新能力、提升我省在高端装备制造业和机器人技术领域的竞争力具有积极的现实推动意义。

让河工大机器人发声

"科技工作者的一个责任就是用技术改善人们的生活。"李铁军深情地说。建筑行业在我国国民经济中占有重要地位，随着建筑难度提升、新材料与工艺的需要，建筑施工装备的智能化也显得愈发重要。国内一些重点大学和研究机构近十年来也开展了相应的研究，由于工艺复杂，难度较大，因此成果相对较少。李铁军看到了这样的"契机"，带头成立了河北工业大学机器人及自动化研究所，主持承担了"863"计划"板材安装室内装修机器人系统研究"项目，以"建筑板材安装机器人化施工装备及示范应用"拿到了国家"十二五"支撑计划，在与众多211、985同类院校"PK"中赢得先机。机器人及自动化研究所经过近20年的努力，形成了以在特殊环境下服役机器人技术与系统研究、建筑机器人及智能化施工装备、康复护理机器人、水下机器人、智能制造与生产系统设计为研究主体的"河工大机器人"的梦工厂。

"在未来的建筑界里,你将看不到建筑工人费尽力气将很重的材料搬到其他的地方。"李铁军骄傲地说,"我们的目标是把农民工从繁重的体力活中解放出来,用人机协作实现建筑施工的跨越。"研究所制造的"C-ROBOT-2"建筑安装机器人可以实现大型玻璃板材抓取、搬运、安装机械化及辅助自动化。传统大型板材安装至少需要8人,板材安装机器人至少可以替代5个人,采用激光检测定位,板材安装精度高,有效提高了安装质量和效率,大大降低了劳动强度和劳动力成本。

用科研思维寻求教学、管理工作的科学规律

教师、科学家、院长、团队带头人,随着资历的不断加深,李铁军担

李铁军在第二届天津机器人大会上做报告(2019.10.30)

负的角色也越来越多。处理教学、管理和科研之间的关系，李铁军有一套独特的理论："开展科研工作是提高教学和管理质量的重要基础，运用科研思维可以寻找出教学和管理工作的科学规律。"

"机器人技术""机电一体化设计"这些课程从无到有，从有到优，离不开李铁军的悉心付出。作为主讲人，"这门课程从最开始的没有教材到我们自己找资料、编教材，现已成为本硕博的主干课程。"李铁军坦言道，"无论是教书育人还是做科研，都要培养学习的兴趣，让他们脑洞大开。在传授知识的同时，还要传授做人的品质。让学生胸怀更宽广，视野更开阔。"

学院的科研氛围和人文氛围非常重要，机械学院也形成了独特的文化——严谨、踏实、进取、不畏困难。对于年轻教师和管理工作者，李铁军认为，要亲自带领年轻人，让他们明确科学边界，知道科学问题是怎样的，并且要明确自身的责任与肩上的担子，不要妄自菲薄，要脚踏实地地做每一件事，厚积而薄发。

人才工作是实现学院发展和学科建设至关重要的部分。从三年前，机械学院就开始每年引进10个优秀人才。李铁军说："除了引进新鲜血液，对于人才来讲还要引育并重，着力加强人才培养力度。我主张一切有利于学科发展和师生健康成长的，就是我们努力的方向。"

展望未来

李铁军强调："机器人已经从荧幕走进人们的生活，更好地为人们所用。"从想象到现实，从制造到"智造"，以机器人为代表的智能装备制造业必将是未来产业发展的趋势和国际竞争的制高点。"装备强,则国家强。"李铁军说道,"在未来的30年,中国要趁着第四次工业革命实现'弯道超车',实现真正的崛起和发展。为智能装备制造业创新和发展贡献力量,作为河工大人责无旁贷。"

哈工大人在天津 HAGONGDA REN ZAI TIANJIN

王雨雷

HARBIN INSTITUTE OF TECHNOLOGY

　　王雨雷，男，教授、博士生导师，国家优青，河北工业大学电子信息工程学院院长。主要从事高功率激光技术和非线性光学技术及应用研究，研究包括：基于受激布里渊散射的高功率皮秒脉冲激光技术，高功率激光组束技术，高光束质量强激光技术。发表SCI论文70余篇；获得授权国家发明专利17项；作为项目负责人和课题组副组长，承担了国家863高技术重点项目、国家重大专项、国家自然科学基金重点项目、优青、面上项目、青年基金和教育部博士点基金等20余项科研项目。2011年获得总装备部"十一五"科技攻关先进个人称号，2013年获得黑龙江省自然科学奖一等奖1项，2017年获得军队科技进步奖一等奖1项。黑龙江省光学学会理事、天津市光学学会理事、总装备部装备发展领域专家。

哈工大铸就激光魂

我于 1997 年 9 月—2001 年 7 月就读于哈尔滨工业大学航天学院光学工程专业，获得工学学士学位；2001 年 9 月—2007 年 7 月，哈尔滨工业大学航天学院物理电子学专业硕博连读，获得工学博士学位。2007 年 7 月—2018 年 9 月在哈尔滨工业大学航天学院/可调谐（气体）激光国家级重点实验室从事研究工作，历任讲师、副教授、教授。其间，2009—2014 年，在哈尔滨工业大学仪器科学与技术学科开展博士后研究（合作导师谭久彬院士）；2011—2012 年，在英国帝国理工学院物理系做访问学者。2018 年 10 月至今，在河北工业大学电子信息工程学院工作，历任教授、副院长、院长。

学于哈工大，成长于哈工大，在哈工大学习工作 21 年，从懵懂少年到不惑之年，我人生中最美好的阶段都是在哈工大度过的。"校园菁菁，书声琅琅"的青春印记，令人终生难忘；"规格严格，功夫到家"的校训，融入了血液，沉淀于灵魂，成为我做人、做事的基本准则。郑宝东老师的"线性代数"，讲得深入浅出，让人学得如痴如醉，这门课也成为我迈入大学后的第一门满分课程；谢鸿政老师讲授"数理方程"时，一支粉笔满黑板的公式推导，使人领悟数学是如此之美；王雨三老师在"激光原理"课堂上，经常给我们讲当代知识分子的楷模马祖光院士的故事，那种对科研孜孜以求的学术风范和做人坦坦荡荡的修养品德深深影响了我，引领我进入激光这个领域一直至今。哈工大有许多非常优秀的老师，他们也许很普通，没有响当当的名号，但他们对自己的工作、对哈工大有着发自内心的深深热爱，用自己的行为准则影响着一代代哈工大人，铸就了哈工大辉煌的过去、现在以及未来。从博士毕业到现在，我一直从事高功率激光技术研究，在激光核聚变领域，面向国家重大战略需求，针对大型科研装置激光驱动器建设过程中冲击点火激光脉冲和超高强度紫外激光大口径光学元器件损伤问题，提出了能实现千焦耳百皮秒高强度激光脉冲的主动型布里渊放大技术，研制了高光束质量的桁架式百焦耳激光系统。在河北工业大学组建了先进激光技术科研团队，致力于高能量、高峰值功率、高光束质量的高功率激光研究，结合国家重大需求，参与国家重大科学工程和计划，承担重要科研任务，建成一流的科研中心。

  哈工大百岁华诞在即，作为哈工大学子，无论身在何处，都以是一名哈工大人而骄傲，衷心祝愿哈工大延续荣耀，在实现中华民族伟大复兴的征程中继续贡献哈工大人的智慧与力量。

杨 帆

　　杨帆,男,汉族,1966年4月生,吉林人,教授,博士生导师。1987年7月本科毕业后到北华大学电气信息工程学院从事教学工作,2004年8月至今在河北工业大学电子信息工程学院从事教学工作。2002年3月到哈尔滨工业大学自动化测试与控制系读在职博士,2005年3月毕业,获仪器科学与技术学科工学博士学位。

火眼金睛的视觉与识别

近几年,我主要从事图像处理与模式识别、多传感器信息融合、计算机视觉及半导体自动检测等方面的教学及研究工作。主讲信号与线性系统、数字图像处理、模式识别与信息融合、计算机视觉、化合物半导体材料与器件等本科、硕士及博士生课程。获河北省教学成果二等奖两项,吉林省教学成果三等奖一项。承担和参加国家、省市等纵向及横向项目近 20 项,主编国家级"十五""十一五""十二五"规划教材及其他各类教材 10 余本,在国内外期刊发表论文 90 余篇,其中 30 余篇被 SCI、EI 收录,撰写专著 1 本,获授权发明专利 5 项。

哈工大的学习不仅使我拓宽了知识面、扩展了研究方向,更使我改变了工作环境,进入了河北工业大学工作。祝哈工大、河工大共同成长,共同谱写新的篇章!

戴士杰

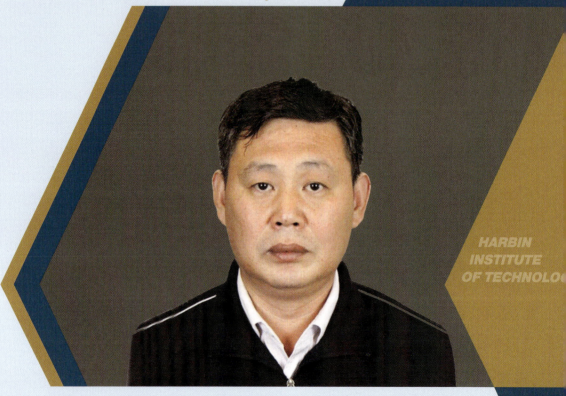

  戴士杰，男，现河北工业大学机械工程学院副院长，教授，博士生导师，河北工业大学机器人及自动化研究所副所长，哈尔滨工业大学天津校友会、科技教育分会理事长。研究方向为智能打磨理论及装备研制、基于计算机视觉的机器人视觉、机器人传感器设计及信息检测与处理、光电信息处理技术研究。主持了国家自然科学基金项目、民航重大专项、国家特检总局项目、省自然科学基金重点项目等10余项，以及30余项横向课题。荣获省部级科技进步奖二等奖1项、三等奖3项，省部级技术发明奖二等奖1项，获省教学成果奖二等奖1项。出版专著 Robot Vision，在国内外知名刊物上发表论文100余篇，其中 SCI/EI 收录60余篇，获得35项授权专利。

机器人的感知世界

戴士杰 1999 年 9 月—2003 年 3 月于哈尔滨工业大学机器人研究所攻读机械电子工程专业博士学位，主要开展机器人传感器设计及信号处理研究。1994 年 10 月至今在河北工业大学机械工程学院从事研究工作，历任助教、讲师、副教授、硕导、教授、博导。2017 年 8 月—11 月在新加坡南洋理工大学进行访问学者工作。

在民航重大专项中，戴士杰主要进行了关于缺损叶片的光学三维测量方面的研究，为后续的航空发动机叶片的焊接修复提供了理论支撑。在天津市重点自然基金项目"大型管道外环焊机器人系统研究"和河北省攻关项目"基于机器人视觉大焊缝识别与跟踪系统研究"中，掌握了机器人焊接轨迹规划和焊接参数优化的一些理论与方法，明确了航空发动机叶片的焊接修复中对夹持效果的要求。提出了研究基于机器视觉的复杂曲面高精度测量方法，以及航空发动机缺损叶片三维重构技术，为航发叶片焊接修复提供指导。

近年来戴士杰在装备研制方面也取得了丰硕的果实，如研制了基于倾角检测的电梯导轨垂直度检测机器人，实现了电梯导轨垂直度检测的智能化与自动化，较大地提高了检测精度；研制了具有自主知识产权的航空发动机叶片自动焊接修复工程化样机,打破国外的技术封锁,实现了高响应速度、高精度自动抽送丝技术;研制了风电叶片打磨系统,主要开展了大型自由曲面打磨的力位混合控制、复合材料打磨温度主动控制、基于气固两相流的负压除尘技术,以及多机器人协调控制等方面的研究;研制了具有自主知识产权的飞机复合材料电损伤测量工程化样机,实现了抗干扰能力强、测量速度快、可靠性高的损伤检测技术。另外也研发了汽车保险杠智能生产管理系统,实现复杂异形曲面保险杠的视觉识别、分拣、运输和生产管理,打破了日本的技术垄断,已在天津一汽丰田和广汽丰田投入正式生产;研发了全自动对刀仪控制分析系统,搭建了基于机器视觉式刀具测量系统,解决了数控机床中刀具测量的人工成本高、自动化智能化水平低、测量精度不达标等问题。

戴士杰在2018年河北高校间工程教育认证经验交流会上做报告

田家宇

哈工大人在天津　HAGONGDA REN ZAI TIANJIN

　　田家宇，男，现为河北工业大学土木与交通学院市政工程学科教授。研究领域为水环境污染控制与治理，研究方向为膜法水处理理论与技术、高级氧化除污染技术。承担了国家自然科学基金、国家重点研发计划项目、国家重大水专项子课题等10余项科研项目，发表SCI学术论文（第一/通讯）40篇，获得近20项授权专利。

一片膜分离　一方水清澈

田家宇 2004 年 9 月—2009 年 7 月于哈尔滨工业大学市政环境工程学院硕博连读，主要开展受污染水源水的超滤膜、膜生物反应器深度净化研究。之后毕业留校，历任讲师、副教授、硕导、博导。2010—2011 年在德国柏林工业大学水质控制系开展了"洪堡学者"博士后研究工作。2018 年被引进到河北工业大学土木与交通学院给排水科学与工程系。

党的十八大将生态文明建设纳入了中国特色社会主义事业"五位一体"总体布局，十九大更是将生态文明建设上升到国家战略高度。水的污染控制与治理是生态文明建设的重要一环，受导师（中国工程院李圭白院士）以社会重大需求为导向做科研的教导，田家宇自攻读博士期间即探索了基于膜分离技术的高效、低耗水处理技术方法。自 2010 年以来，田家宇发现膜分离技术受到"膜污染"这个技术瓶颈的严重制约，于是与柏林工业大学 Martin Jekel 教授合作，针对关键性膜污染物质进行了系统性探索，为适配性膜前预处理技术的有效开发和膜污染控制策略的构建奠定了基础。

开发新型膜材料和水处理工艺是解决我国水环境污染问题的有效途径。为提高膜材料的净水效率、降低运行能耗、延长膜的服务周期,自2015年开始田家宇开展了纳米陶瓷分离膜的研制,目前逐渐形成了中空平板式、中空纤维式等系列净水用陶瓷膜产品大样,陶瓷膜的抗污染能力较之有机高分子膜得以显著提高。为进一步提高膜的去除有害有机物和膜污染控制能力,田家宇将过氧化物(过氧化氢、过硫酸盐等)催化剂有效负载于陶瓷膜外壁与孔道内壁,实现了过滤与氧化双重净水功能的原位耦合。2017年11月调入河北工业大学之后,田家宇将进一步探索膜分离技术、高级氧化技术的净水机制,致力于优化相应的净水工艺,提高新材料、新技术的性价比,争取为我国生态文明建设和京津冀绿色协同发展做出贡献。

谭柱华

  谭柱华，男，河北工业大学机械工程学院教授、博导，获天津市创新类领军人才资助、河北工业大学第二批"元光学者"。研究方向为智能材料与结构及其防护应用、弹性波人工微结构调控。主持了国家自然科学基金青年项目、面上项目、国防基础"973"计划项目，参与国家"973""863"等项目，在 APL、PRB 等期刊发表高水平学术论文（第一/通讯）20 余篇。

冲击载荷　智能防护

我于2004年9月—2007年7月在哈尔滨工业大学航天学院攻读博士，并获工学博士学位，主要开展材料和结构在冲击载荷下的动态力学响应研究。2009年1月—2012年11月在湖南大学汽车车身先进设计制造国家重点实验室从事研究工作，历任讲师、副教授。2008年—2009年和2016年—2017年分别在韩国仁荷大学和澳大利亚伍伦贡大学做访问学者工作。2018年被引进河北工业大学机械工程学院。

在哈工大求学期间，"规格严格，功夫到家"的校训在我个人的成长过程中打下了深深的烙印。我一直秉承务实肯干、攻坚克难的精神，坚持科研工作，将自己博士的研究方向与工作单位的特色相结合，拓展了自己的研究领域。智能材料与结构是未来科技的重点发展方向，我深感在此领域将会有更大作为。

河北工业大学入选国家"双一流"学科建设高校，先进装备工程与技术是河北工业大学重点发展的双一流学科群，这为我们的工作提供了一个新的高端平台。在人工智能高速发展的时代，智能材料与先进装备密不可分。2018年4月我调入河北工业大学，依托河北工业大学先进装备领域的特色和优势，进一步发展和拓展智能材料和结构、振动与控制、能量回收与安全防护等研究方向。在河北工业大学的引进人才政策支持下，规划和组建了智能材料与结构研究实验室。我将扎根河北工业大学，与母校哈工大和兄弟院校的学者加强交流。

哈工大与河工大都有着光辉的建校和发展历史，因地域原因，校名非常相近，经历两个工业大学是一种巧合也是一种荣幸！希望自己能为河工大和母校哈工大的发展贡献力量！

杨 勇
HAGONGDA REN ZAI TIANJIN

　　杨勇,男,教授,博士生导师。2003年9月—2009年10月于哈尔滨工业大学材料科学与工程学院攻读硕士和博士学位,主要开展金属材料表面涂层和纳米表面工程研究。

表面喷涂　　深层改性

杨勇 2009 年博士毕业被引进到河北工业大学材料科学与工程学院从事教学和科研工作。近年来在纳米表面工程研究领域做了大量研究工作，先后主持和参与科研课题 22 项，其中主持国家自然科学基金 3 项、省部级课题 10 项。研究成果获得省级自然科学奖二等奖 1 项，获得通用电气基金科技创新奖二等奖 1 项。申请发明专利 22 项，已获授权 10 项。近五年发表论文 40 篇，其中 SCI 收录 30 篇。

杨勇是河北省杰出青年科学基金获得者、首批"河北省青年拔尖人才"、河北省"三三三人才工程"第二层次人选、天津市"131"创新型人才培养工程二层次人选、河北省高校百名优秀创新人才、河北工业大学"元光学者"、河北工业大学优秀共产党员。

在学期间杨勇深受哈工大老师们科研报国思想的教导，自 2005 年以来，围绕纳米陶瓷复合粉体及其复合材料研究领域开展了大量研究工作；进入河工大工作后，将前期纳米陶瓷复合粉体及其复合材料研究成果应用于金属材料表面改性及涂层研究领域，采用等离子喷涂技术，深入开展了纳米复合涂层材料制备及研究工作。

魏 强

哈工大人在天津　HAGONGDA REN ZAI TIANJIN

　　魏强，男，现河北工业大学机械工程学院教授、博导，哈尔滨工业大学天津校友会副秘书长、科技教育分会秘书长。中国空间科学学会空间材料专业委员会委员。研究方向为飞行器装备制造与服役行为评价、生物热力学与健康材料装备方向研究。主持了国家自然科学基金、国家"863"计划项目（军口）、天津市应用基础与前沿技术研究计划重点项目，以及数十项军工项目，发表SCI/EI学术论文（第一/通讯）近50篇，获得30余项授权专利。

空间环境按需模拟
飞行器健康管理

2000年9月—2005年7月我于哈尔滨工业大学材料科学与工程学院攻读硕士和博士学位，主要开展空间环境材料行为及评价技术研究。2005年8月—2018年7月在天津大学材料科学与工程学院从事研究工作，历任讲师、副教授、硕导、博导。在天津大学工作期间，2006年—2011年和2013年—2014年分别在天津大学和新加坡南洋理工大学机械与宇航工程学院进行在职博士后和访问学者工作。2018年被引进河北工业大学机械工程学院。

受哈工大和导师科研报国的教导，自2005年工作以来，我并未放弃航天研究方向，努力探寻自己的科研定位。2006年逐渐萌生了"几个人或一个企业做航天的梦想"。结合哈工大读书期间的研究工作，提出了"面向材料基因的空间环境服役行为的可靠性评价方法"，引进激光等先进物理技术，开展了低成本高通量航天器材料和部件的评价，组建了具有大量知识产权的空间环境模拟平台,开展了空间辐射、碎片、污染、原子氧、臭氧、等离子体、单粒子、热环境等一系列空间环境效应的研究。

先进制造和军民融合是国家的重大战略需求和决策,我深感在此领域将会有更大作为。同时,先进装备工程与技术是河北工业大学重点发展的双一流学科群,飞行器装备制造与服役可靠性评价是先进装备领域的重要组成和代表。特别是近年来商业航天、无人机、大飞机等得到快速发展和应用,飞行器装备制造与服役可靠性研究具有重要的战略意义。2018年7月我调入河北工业大学,将进一步完善和依托空天环境模拟平台与机制,致力于优化元器件可靠性和成本关系,深化材料机械学科联系,并探索空间环境资源开发、空间环境与物质作用规律以及环境、生命、行星等交叉学科领域。

哈工大与河工大都是具有明确工科背景特色的学校,英文缩写都是HIT。也许是命运的巧合,历经两个HIT,再续同一个梦想!哈工大与河工大不仅都有辉煌的历史,相信还会更有美好的未来,希望我能为哈工大与河工大,以及祖国的发展贡献自己的力量!

李 慨
HAGONGDA REN ZAI TIANJIN

  李慨，男，现任河北工业大学机械工程学院教授；天津市生物医学工程学会生物力学专业委员会委员，中国振动工程学会会员。研究方向为智能机器人技术、特种破岩破障技术与装备、振动康复技术与装备、振动切削技术与装备。主持或主研国家自然科学基金、国家"863"计划项目、国家"709"项目、天津市应用基础与前沿技术研究计划项目（重点项目）、河北省科技攻关项目、河北省科技支撑计划项目、河北省军民融合项目及企事业横向项目多项，发表SCI/EI学术论文20余篇，获得10余项授权专利。获得河北省科技进步奖二等奖（排名4）、三等奖（排名1）各一项。

  1992年7月至今在河北工业大学工作，历任工程师、讲师、副教授、硕导、教授。2001年3月—2007年2月于哈尔滨工业大学机电工程学院攻读博士学位，主要从事管道焊接机器人技术研究。

开展机械人多点应用

多年来，我秉承哈工大"规格严格，功夫到家"的校训，遵循导师科技报国的教导，一直把生产一线技术需求作为科研方向。2007年开始参与国家"709"项目及"863"项目，开展特种破拆破障技术及装备研究，获得国防专利5项；课题组将其中核心技术拓展至骨加工及CFRP/钛合金板钻孔加工领域，开展低频振动加工机理研究、开发相关装备，已取得一定进展。同时为其他院校、研究所的科研项目研制多台机电装备，助力其科研项目顺利实施。

转眼间离开母校已十多年了，但我仍忘不了在母校的那些岁月。哈尔滨的春天是幽香的，每年春季，万物复苏，紫色丁香花在校园中盛开，弥漫着沁人心脾的花香；哈尔滨的夏天是迷人的，不仅绿树成荫，还有那难忘的同学离别前的聚会；哈尔滨的秋天是金黄的，迎来了一届届带着美好憧憬的新同学；哈尔滨的冬天是银白的，大雪随着寒冬而来，街道仿佛是银子铸成的，校园里也有随处可见的冰灯雪雕。在那里我不仅学到了更多的知识，而且能力得到了进一步的提升。聆听着导师循循善诱的教导，参与着同学间的热烈讨论，在那里我学会了、学懂了更多的人生道理，近六年的校园学习为我的成长奠定了坚实的基础，师生亲情、同学友情永远难忘。如今虽已工作多年，但无论身在何方，无论多少风吹雨打，母校永远是心灵深处的圣地，"规格严格，功夫到家"成为前行中的指南针，让我在今后的岁月长河中乘风破浪，走向更大的成功。

在母校100周年校庆之际，祝福母校蒸蒸日上，桃李满天下，再创新的百年辉煌。我将以是哈工大人而骄傲自豪。

赵海文

哈工大人 在天津　HAGONGDA REN ZAI TIANJIN

HARBIN INSTITUTE OF TECHNOLOGY

　　赵海文，男，1973年生，工学博士，副教授。1994年至今，在河北工业大学机械工程学院任教。现任河北工业大学机械电子工程系主任、机械电子工程专业负责人、机器人及自动化研究所副所长、中国机电一体化技术应用协会智能工厂分会理事、石家庄爱驰自动化设备有限公司总经理。主要从事移动机器人及其智能控制技术、机电装备与生产系统智能化技术、智能工厂系统解决方案等研究工作。

心怀匠心　机电装备产业化

赵海文1994年毕业于河北工学院电气技术专业；2001年毕业于河北工业大学机械设计制造及其自动化专业，获硕士学位；2007年毕业于哈尔滨工业大学机械电子工程专业，师从中国工程院院士蔡鹤皋教授，获工学博士学位。

赵海文作为主研参与完成了包括国家自然基金、"863"计划、国家科技支撑计划、河北省自然科学基金、天津市自然科学基金以及横向科研项目50余项。发表学术论文40余篇、获得发明专利7项、实用新型专利7项。获得河北省科技进步二等奖、三等奖各1项，河北省高校科学技术成果奖二等奖1项，河北省住房和城乡建设厅科技进步一等奖1项。

赵海文成功主持研制出我国首条电梯厅门/围壁机器人智能化柔性生产线、电梯曳引机装配检测生产线、轮毂式电机装配检测线、面片高速全自动包装生产线、高速索道托索轮装配生产线、打印机感光鼓全自动装配生产线等。积极践行"中国制造2025"国家战略要求，助力京津冀协同发展，推动中国产业转型升级。

李军强

哈工大人在天津　HAGONGDA REN ZAI TIANJIN

HARBIN INSTITUTE OF TECHNOLOGY

　　李军强，男，汉族，1979年生，河北藁城人，工学博士，现为河北工业大学机械工程学院副教授，硕士生导师，哈尔滨工业大学天津校友会科技教育分会副秘书长。主要从事康复机器人领域相关技术研究，先后主持国家自然科学基金、国家重点实验室开放基金、河北省自然科学基金等多个项目。主持多项横向课题，参研多项国家自然科学基金、国家重点研发计划、科技部国际合作重点专项等项目。发表学术论文30余篇，获得授权发明专利多项。

　　2005年9月—2010年7月于哈尔滨工业大学机电工程学院攻读博士学位。2010年7月至今，在河北工业大学机械工程学院任教，历任机械电子工程系副主任、机电系党支部书记、机械工程学院党委委员。

医用机器人　助力健康社会

在哈工大求学期间，在导师的引领下从事康复机器人技术研究，提出了应用新型磁流变阻尼器抑制人体病理性震颤的方法，研制了面向病理性震颤的抑震机器人。

参加工作后，本着"教学推动科研，科研促进教学"的工作原则，努力推进教学和科研工作。多次获得优秀任课教师、年度工作考核优秀等荣誉，指导本科生参加国家级竞赛，多次获得全国总决赛二等奖、三等奖。

科研工作中，基于磁流变原理与外骨骼式下肢康复机器人构型，提出了在线步态规划、意向运动补偿等面向偏瘫患者步态康复训练的新技术，并获得国家自然科学基金的资助，研制了用于偏瘫患者的步态康复训练机器人。针对偏瘫患者上肢康复训练的需求，研究了患者自主康复运动实现方法，探索了康复系统的实时性、稳定性以及安全性等问题。

努力探索如何让机器人技术更好地服务于老年人的日常生活。针对步行能力较弱的老年人户外步行运动需求，提出一种应用磁流变阻尼器的坡路助行方法，研究了人体足底反力、助行器构型、坡路坡度检测与辅助力控制等内容。面向半失能老人的步行运动需求，提出一种足轮一体式助行方案，融合姿态转换机构、足行系统和轮行系统，实现了安全、多功能的步行辅助功能。

多年来，应用自身专业知识服务社会，积极为多家单位提供技术支持，先后研制了大力矩旋转式磁流变阻尼器及其力学性能测试设备、人体上肢运动信息检测系统、柔性带状物品自动装箱机等。

李军强说："时至今日，在哈工大求学的过程仍历历在目，既汲取了专业知识，又丰富了人生阅历。哈工大'规格严格，功夫到家'的传统和做事风格，对我影响深刻。今后要牢记过去，立足现在，展望未来，在工作中努力学习和思考，不断提升自我，希望能够为哈工大、河工大以及祖国的发展贡献自己的力量！"

刘宝玺

哈工大人在天津 HAGONGDA REN ZAI TIANJIN

刘宝玺，男，现河北工业大学材料科学与工程学院副研究员，河北工业大学首届"元光学者"，天津市"131"创新型人才。研究方向为多层金属复合材料设计制备和强韧化机理的研究。主持/参与国家自然科学基金、省级科技支撑项目、天津市"一带一路"项目、省部级自然科学基金数十项，发表SCI/EI学术论文（第一/通讯）20多篇，获得5项授权专利。2008年9月—2014年12月于哈尔滨工业大学材料科学与工程学院攻读硕士和博士学位，主要开展仿贝壳结构的多级多尺度层状钛基复合材料断裂机理和强韧化行为的研究工作，在此期间获得博士研究生国家奖学金一项。2015年4月被引进河北工业大学材料科学与工程学院，历任助理研究员、硕士生导师、副研究员。

层层深入　　强韧共济

根据生物材料具有增强增韧作用和结构功能一体化效果的影响，我在哈工大导师和师兄的悉心指导下，利用低能球磨和热压烧结技术，原位自生获得具有二级结构层/网耦合的钛基复合材料，获得优异的强度、塑性、断裂韧性和弯曲韧性。我入职河北工业大学以来，依托天津市材料层状复合与界面控制重点实验室和能源装备材料技术研究院（筹），结合河北省为钢铁大省的背景，在学科带头人殷福星教授的指导下，继续从事层状金属复合材料的强韧化机理研究和结构功能一体化应用，特别是对多层复合钢、不锈钢复合板、槽轧复合钢筋等新材料的设计制备和应用开发进行了大量的实验工作和理论分析，努力为钢铁行业节能减排和产学研合作打下良好的理论基础和技术支撑。

先进装备工程与技术作为河北工业大学重点发展的双一流学科群，高端领域高品质金属结构材料设计制备是其中的重点发展方向之一。如何降低材料成本和工程造价，利用变形技术的调控、微观构型的设计和制备工艺的优化，实现金属材料强韧化目标和结构功能一体化，必将成为未来金属材料革新换代的重要设计思路。依托于河北工业大学现有科研平台，我将进一步实现材料、物理、化学、模拟计算等多种设计制备方法融合，将仿生多级多尺度结构引入金属材料中，致力于优化性能和成本关系，并探索服役环境与金属材料作用规律。

哈尔滨工业大学和河北工业大学均为工科背景浓厚的学校，均诞生于实业救国、挽救国家于危亡之际，发展于国家和民族振兴之时，科教兴国也是两个学校的宗旨。哈工大与河工大具有辉煌的历史背景和共同的梦想，作为纯正工大人，历经两个工科学校，希望能为哈工大与河工大的合作交流和发展壮大贡献自己的力量。

刘照虹

哈工大人在天津 HAGONGDA REN ZAI TIANJIN

  刘照虹，男，现任河北工业大学电子信息工程学院副教授，硕士生导师，先进激光技术研究中心支部书记。主要从事高功率激光、非线性光学以及新型激光器的研究工作。2016 年 Editor in Chief Choice Award 和 2017 年军队科技进步一等奖获得者。主持国家自然科学基金、河北省自然科学基金和河北省高等学校科学技术研究项目各 1 项，参与国防 863 高技术重点项目、国家自然科学基金国家重大科研仪器研制项目等多项课题。共发表论文 20 余篇，授权发明专利 1 项。目前担任《光电技术应用》青年编委。

高功率激光　军民融合应用

2014年9月—2018年9月在哈尔滨工业大学航天学院攻读博士学位，主要开展高功率激光与非线性光学技术研究。哈工大的求学岁月对我来说是一次人生的升华，在哈工大，我不但走进了高功率激光这个圈，还学到了过硬的本领，使我可以在这个领域深耕。

2018年被引进河北工业大学电子信息工程学院，受哈工大科研报国的教导，并未放弃所学知识服务于国防、服务于国家的信念，努力探寻自己的科研定位，以高功率固体激光及其应用为科研方向。军民融合是国家的重大战略需求和决策，积极探索高功率固体激光器如何从军用走向民用具有重要的战略意义。在原有科研基础上，进一步致力于新型

2018年何鸿燊杯航天创意创新创业大赛

高功率固体激光器的研发，并探索高功率固体激光器在激光雷达、激光加工等学科领域的拓展。科研上，"规格严格，功夫到家"的校训既是我对自己的要求，也是我攻坚克难的动力。

哈工大与河工大都是具有鲜明工科背景特色的学校，河工大的校领导、院系领导均跟哈工大有着千丝万缕的联系。在河工大，有诸多的哈工大的校友在这里生根发芽，因为同样的理念走到一起，共同成就一番事业。

袁 野

　　袁野，男，现河北工业大学能源与环境工程学院讲师。研究方向为生物质可再生能源规划方法与技术、分布式能源规划方法与技术。参与"十二五"国家科技支撑计划项目、"十一五"国家科技支撑计划项目、英国工程与自然科学研究理事会（EPSRC）和全球挑战研究基金（GCRF）联合项目等多个科研项目；发表学术论文10余篇，其中SCI刊物论文3篇；参与编写并出版专著1部。

蓝天卫士　能源优化

2008年9月—2015年7月，我于哈尔滨工业大学供热供燃气通风及空调工程专业攻读硕士和博士学位，主要进行集中供热系统节能、生物质能源规划策略等方向课题的研究。2015年9月—2018年8月，我进入哈尔滨工业大学深圳研究生院城乡规划学博士后流动站，主要从事区域能源规划等方面的研究工作。博士后在站期间，我以访问学者身份于2016年11月至2017年3月至英国雷丁大学（University of Reading）进行学术访问。2018年9月到河北工业大学入职。

阴差阳错，机缘巧合，从塞外冰城到南疆特区，十余年的异乡求学之路一直未离开哈工大的怀抱。从暖通专业技能到宏观规划思维，哈工大培育了我，锻炼了我，塑造了我。燕山与渤海是我的故园，作为燕赵子弟，心怀报效故乡之情的我终于得偿所愿。在京津冀协同发展的时代契机下，在"绿水青山就是金山银山"的理念下，我将发挥规划思维与专业技能，利用自身在分布式能源系统规划和生物质能利用技术方面的研究特长，致力于节能减排领域的科研攻关，为"蓝天保卫战"贡献力量，为河工大增光添彩。

章凡勇

　　章凡勇，男，博士，河北工业大学材料学院副研究员，硕士生导师，现主要从事金属结构材料强韧化及表面层状复合涂层的多尺度设计与界面控制研究。主持国家自然科学基金1项，天津市自然科学基金1项，河北省自然科学基金2项，作为主要成员参与国家自然科学基金2项，河北省科技支撑计划项目1项，发表SCI学术论文（第一/通讯）近20篇。现任全国热处理学会青工委员、中国热处理行业协会教育培训工作委员会委员、天津热处理学会理事和天津市热处理行业协会理事。

金属强韧化　　未来热处理

2008年9月—2015年4月我于哈尔滨工业大学材料科学与工程学院攻读硕士和博士学位，主要开展金属材料表面强韧化研究，在模拟计算（第一性原理和热力学计算）、等离子复合表面处理技术（磁控溅射离子镀和等离子热扩渗）方面进行了系统研究。在博士期间获哈工大-中电十四所"国睿"奖，获"哈工大第四届优秀博士生国际交流计划"资助赴德国短期交流访学。

2015年5月我作为引进人才任职于河北工业大学材料学院从事教学科研工作，目前依托能源装备材料技术研究院和天津市材料层状复合与界面控制技术重点实验进行科研工作，先后在超高强纤维钢的制备与评价、铝/钢复合板的界面结构研究、等离子喷涂涂层方面开展研究工作。教学方面承担本科生专业课一门和研究生专业课一门，在哈工大主办的中国大学生材料热处理知识与技能大赛中，协助河工大材料学院承办两届华北赛区的比赛，为河工大学子提供了交流展示的舞台，指导多名本科生获一等奖，获评优秀指导教师奖；获河工大材料学院2018年度青年教师基本功竞赛三等奖，材料学院2017年度科研优胜奖。

我始终铭记哈工大的校训"规格严格，功夫到家"，并一直将其落实于研究生学习和工作中，哈工大辉煌的科研成果为国家科技进步贡献了巨大力量，并激发了我浓厚的科研兴趣，导师的渊博学识和治学严谨为我的科研奠定了坚实基础。2015年我入职河北工业大学，从"哈工大"到"河工大"，两所工大，一个梦想，各具特色，工业报国。我将传承梦想，教书育人，奋力科研，希望为哈工大与河工大，以及祖国的发展贡献自己的力量！

哈工大人 在天津

李姗姗
HAGONGDA REN ZAI TIANJIN

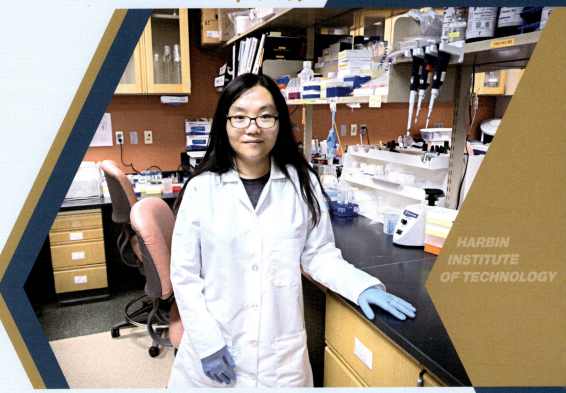

HARBIN INSTITUTE OF TECHNOLOGY

  李姗姗,女,河北工业大学机械工程学院副教授。2007年考入哈尔滨工业大学机电学院攻读硕士、博士学位,师从姜洪源教授。2014年入职河北工业大学并入选河北省普通高等学校青年拔尖人才计划。目前主要从事机械电子工程专业的本科生与研究生教学工作;从事微尺度下流体的智能传感与控制、微传感器与微驱动器、微流控芯片技术及微型系统的集成等领域的研究工作。

方寸之间　感知控制

目前我主持国家自然科学基金、中国博士后特别资助、面上一等资助、河北省自然科学基金等10项课题。先后入选河北省三三三人才、天津市特支青年拔尖人才等计划。发表学术论文30余篇，其中SCI检索16篇（最高影响因子8.173），EI检索11篇。论文最高单篇被引61次。申请发明专利7项（其中4项已授权），实用新型专利2项（已授权），参加本领域国内外学术会议10余次。兼职美国田纳西大学及时诊断纳米生物传感创新中心 Research Fellow，为中国微米纳米技术学会高级会员、中国力学学会会员，并担任 Sensor and Actuators A: physical，Biosensors and Bioelectronics，Sensors and Actuators B:chemical，Journal of Applied Physics，《液压与气动》等国内外学术期刊的审稿人。

真诚地感谢导师姜洪源教授、侯珍秀教授等多位老师在我求学期间对我的教诲和帮助，为我奠定了工作之后的科研基础。还要感谢两位老师在我参加工作之后对我的指点和提携。2016年冬，作为系里派出的调研人员，我毕业后第一次返回母校，调研机械电子工程专业本科生培养方案和专业认证事宜。真诚地感谢敖宏瑞老师热忱无私的指导，为河北工业大学机械工程学科的建设出谋划策。感谢任玉坤教授等同门师兄弟的热情接待，给我们一行人带来了兄弟般的温暖。每每看到中国航天事业进展的新闻报道，我总是会想起哈工大航天人默默做出的贡献。这些将永远激励我做好一名负责任、有担当的哈工大校友。祝愿母校再创辉煌！

刘海涛

HAGONGDA REN ZAI TIANJIN

　　刘海涛，男，汉族，中共党员，博士，副教授，现工作于河北工业大学机械工程学院，机械工程学科博士生导师。河北省"三三三人才工程"三层次人才、河北工业大学首批"元光学者"启航A岗、河北省优秀青年科学基金获得者、河北省高等学校青年拔尖人才。

我还是我　机械超材料

目前，我从事的是智能材料及其断裂力学行为、新型机械超材料的结构设计及应用、水下航行器结构设计等方面的研究工作。发表相关学术论文40余篇，参与申请发明专利7项。其中，以第一作者在国际权威期刊发表和录用SCI论文17篇（中科院大类二区8篇，含Top期刊1篇），EI论文收录20篇。主持国家自然科学基金青年科学基金项目、河北省优秀青年科学基金项目、中国博士后科学基金面上资助项目、河北省高等学校青年拔尖人才计划项目和江苏省工程力学分析重点实验室开放课题基金各一项。同时，参与了国家自然科学基金面上项目两项、河北省高等学校自然科学重点项目两项、国防重点实验室项目以及海洋经济创新发展建设项目等。

2015年4月，我毕业于哈尔滨工业大学航天学院复合材料与结构研究所工程力学专业，获得工学博士学位。在哈工大读博士期间，师从导师周振功教授（近几年连续入选材料力学领域中国高被引用学者榜单），从事智能材料的断裂力学分析及非局部理论的应用、复合材料结构力学等方面的研究工作。哈工大"规格严格，功夫到家"的校训和"八百壮士"精神都为我提供了源源不断的动力，时时激励着我努力前行。在哈工大百年校庆之际，深深祝愿母校建设成为"中国特色、世界一流、哈工大规格"的百年强校。

付彬国

　　付彬国，男，博士，中共党员，河北工业大学材料学院讲师，硕士研究生导师。天津市铸造学会副秘书长、河北省铸造学会理事、中国有色金属学会会员、天津市企业科技特派员。2008年9月至2015年4月在哈尔滨工业大学材料学院材料加工工程（铸造）专业攻读硕士和博士学位。主要研究领域为：(1) 钛合金、铝合金、镁合金等熔炼、铸造及凝固组织控制和力学行为；(2) 新型铸铁及耐磨材料成型工艺；(3) 铁液熔体质量在线测控系统开发。

铸造未来　工学并举

目前我主持国家自然科学基金青年基金项目（51601054）一项、河北省自然科学基金青年基金项目（E2017202095）一项、2018年天津市支持京津冀科技成果转化项目子课题一项、河北省重点研发计划国际科技合作专项项目子课题（17391004D）一项、企业横向课题一项，主持完成河北工业大学教育教学改革研究重点项目一项。作为主研参与国家自然科学基金面上项目一项、天津市科技支撑计划项目一项、河北省高等教育教学改革研究与实践项目一项。作为主研完成国家"十一五"、国家"十二五"、国家自然科学基金及企业横向课题十余项，发表学术论文三十余篇，其中第一作者（含通讯作者）SCI论文七篇、EI论文一篇，核心论文两篇，申请专利十三项，其中授权六项、公开七项，发表软件著作权十四项。作为指导老师带领本科生、研究生参加中国大学生铸造工艺设计大赛获三等奖两项、优秀奖五项，指导本科生大学生创新创业项目省级重点项目一项（已结题），省级一般项目一项（已结题），校级一般项目一项（在研），指导本科生校级优秀毕业论文三篇。

本人有幸在中国铸造专业的诞生地——哈尔滨工业大学进行了八年的学习和生活，在母校和恩师的教导下，不仅掌握了先进的铸造方法，更是了解了铸造的魅力在于深邃的文化内涵和外延。2015年博士毕业加入河北工业大学铸造教研室（成立于1958年）后，了解到学校铸造专业的历史以及"工学并举"的办学特色和母校"规格严格，功夫到家"的校训内涵具有高度的统一性，感叹既是机缘巧合，又是命运安排。今后在工作中我一定要铭记母校和恩师的教导，立足国家需求，在科研和培养铸造人才上积极探索，为我国由世界铸造第一大国向铸造强国迈进的道路上贡献自己的力量。

袁 野

　　袁野，男，河北工业大学副教授，博士生导师，"元光学者"启航 A 岗。2018 年 7 月毕业于哈尔滨工业大学航天学院复合材料与结构研究所，获工学博士学位。同年 9 月被引进河北工业大学材料科学与工程学院，研究方向为飞行器结构隐身一体化复合材料的制备与性能评价、飞行器雷达散射截面仿真与评价、电磁屏蔽材料的设计与制备以及多孔材料的制备。担任中国复合材料学会会员、军鹰智库专家、Carbon 等国际知名期刊特邀审稿人。主持并参与了包括"863"计划、国家自然科学基金、装发部重点实验室基金、军委科技委国防创新特区、装发部军品配套项目在内的科研项目 10 余项。发表 SCI 学术论文 20 余篇，其中第一作者和通讯作者 10 余篇。

蓝色葫芦娃　屏蔽隐身设计

还记得当初因为对航空航天有着热血的情怀,我冒着又一次跨专业的风险,从厦门大学化学化工学院——全国最好的物理化学专业来到哈工大航天学院攻读博士学位。一个是物理化学全球科研领域最顶尖的科研平台,一个是紧紧围绕着国家重大国防战略技术的复合材料和工程力学高地。在哈工大攻读博士是幸运的,但也是艰苦的。在老师的指导下我开辟了团队雷达隐身结构复合材料新方向,做着和以前完全不相干且偏物理的电磁和热传导研究,并作为主力和团队一起直接参与完成了若干国防科研工程项目,有机会与大量航空航天船舶总体部门专家接触,参与了若干高规格国防项目论证答辩。看着完成的样件,看着飞行器雷达散射截面仿真结果,和年过80仍然精神矍铄的老专家进行辩论,有那么一刻,感觉心中装满了整个世界,有着不一样的成就感。这些经历极大地丰富了我的阅历,使我增加了见识,开阔了眼界。哈工大的博士四年,是我学生生涯中进步最快、收获最多的四年!收获的不仅是知识,更重要的是对事物、人和社会的认知。和大多数博士比起来,尽管做工程项目占用了一些发表论文的时间，但是如果将时间尺度拉长到整个人生长度来看，这些经历就是一笔宝贵的财富，我觉得挺值的。同时博士几年搞科研时间的稀缺，也让我养成了短时间内能够集中精力做事的习惯，最终发表论文也没算落下。感谢老师提供的平台和信任，四年时间和团队一起贡献了一份属于自己的力量，为国家的国防事业创造了一点价值。尽管最终没有选择留下来继续和团队一起奋斗，但非常感激赫晓东老师和李宜彬老师在科研上的支持、团队协调能力方面的培养，以及日常非常充足的科研补助，让我能够愉快地度过博士四年求学生涯。在哈工大求学期间所培养的各方面能力，让我相信未来能够在河工大的科研与教学工作中做出自己的贡献！

郭卫兵
HAGONGDA REN ZAI TIANJIN

  郭卫兵,男,汉族,河北工业大学材料科学与工程学院讲师。2018年博士毕业于哈尔滨工业大学材料科学与工程学院焊接系,同年来到河北工业大学材料科学与工程学院工作。主要研究方向为超声钎焊界面结构设计。参与包括国家自然科学基金重点项目在内的多个项目,发表论文10篇,其中以第一作者身份发表SCI论文六篇,申请发明专利两项。目前,主要针对钎焊界面润湿结合机制、铝合金和复合材料等的钎焊开展研究。

超声钎焊　界面润湿

哈尔滨冬天的寒冷刻骨铭心，哈工大对我的教育永生难忘。在哈工大学习期间，我深刻感受到"规格严格，功夫到家"的校训体现在各个方面。在学术上，导师闫久春教授严格要求，每周定期召开组会，不断地训练我们的逻辑思维和科研素质，不知疲倦地和我们讨论实验方案和结果，而且据我了解，绝大部分课题组都有类似的组会制度。学校给我们提供了优越的学习条件，使我们接触到了很多项目工作和先进技术，同时，为我们参加各种学术会议和出国交流提供了各种支持，拓宽了我们的视野。

前段时间参加哈工大天津校友会的活动，见到了众多校友，备感亲切。转眼已经毕业半年了，我依然时常会想起在哈尔滨工业大学读书期间的点点滴滴，也依然会时刻关注关于母校的各种新闻，为母校取得的各种成果感到骄傲。以后在自己的岗位上我要努力工作，严谨治学，发扬哈工大精神，为母校增光添彩。

张慧博

HAGONGDA REN ZAI TIANJIN

张慧博，男，现河北工业大学机械工程学院副教授，硕士生导师。研究方向为航天机构动力学、多体系统动力学与控制。主持在研天津市自然科学基金、机器人技术与系统国家重点实验室开放基金、空间智能控制技术重点实验室开放基金等四项项目。发表SCI/EI学术论文（第一／通讯）10余篇。

太极点穴　碎片消旋

2009年9月—2015年7月,我于哈尔滨工业大学航天学院攻读硕士和博士学位,主要开展航天机构动力学与控制技术研究。2015年9月至今在河北工业大学机械工程学院从事研究工作。

自2015年工作以来,我一直从事航天研究,努力探寻自己的科研定位。2016年开展针对大型低轨道空间碎片捕获技术的研究,我结合在哈工大读书期间的研究工作,提出了"大型空间碎片的多点机械脉冲主动消旋方法",以动力学建模与分析为基础,深入分析了在非理想冲击下,冲击末端与非合作目标之间的相互作用机理,对机械冲击结构进行了优化。并在此基础上,开展了非理想冲击下三轴角动量的消旋机理研究,分析了机械冲击作用下复杂翻滚运动目标的冲击响应特性。后续将分析多点机械脉冲对高速自旋、低速进动和低速章动三轴消旋过程中的限制参数,并搭建大型空间碎片主动消旋实验系统。

哈工大人在天津　白振旭
HAGONGDA REN ZAI TIANJIN

白振旭，2018年9月博士毕业于哈尔滨工业大学航天学院可调谐激光技术国家重点实验室（2016—2018年，访学澳大利亚麦考瑞大学），目前为河北工业大学先进激光技术研究中心副主任，受聘为河北工业大学"元光学者"。美国光学学会（OSA）和国际光学工程学会（SPIE）河北工业大学学生分会指导教师，河北省优秀研究生论文评审专家组成员，国际光学工程学会Teddi Laurin奖获得者（每年全球仅1人），以及2018年Springer-Nature "Rising Stars of Light Prize（未来之星）"最佳论文奖获得者。

高强超短脉冲激光的新一代

主持国家自然科学基金青年基金、总装备部预研基金、河北省自然科学基金等课题5项，参与美国空军实验室、澳大利亚国家基金、国家重大仪器专项等多项课题。已发表SCI论文30余篇，授权发明专利3项，在美国、澳大利亚、新加坡、新西兰等国际顶级学术会议上做口头报告10余次。2018年9月，受邀访问耶鲁大学和哈佛大学并做报告交流。现担任学术期刊《光电技术应用》青年编委，以及《Optics Express》、《IEEE Photonics Technology Letters》等10余个国内外光学类知名期刊审稿人。主要研究方向为：高功率激光技术及应用、非线性光学、以及新型激光器。

感谢母校对我的教育和培养，我会永远牢记哈工大"规格严格，功夫到家"的校训，以严谨的做事态度做哈工大精神的践行者，在教育和科研事业上勇攀高峰。

刘吉晓

　　刘吉晓，男，河北工业大学机械工程学院讲师，河北省机器人传感与人机融合重点实验室主任助理，硕士研究生导师。主要研究方向是微流体技术、微纳操作与微纳机器人、基于微纳技术的新型机器人电子皮肤。目前主持国家自然科学基金青年项目、中国博士后基金（一等资助）、河北省自然科学基金青年项目等，参与/承担科技部国家重点研发计划、国家自然科学基金等项目研究。共发表论文20余篇，其中以第一作者发表SCI/EI论文10余篇，已授权/公开发明专利6项。

多彩泡泡　微流体传感

2008年9月—2015年7月，我于哈尔滨工业大学机电学院攻读硕士和博士学位，主要开展微流控系统的研究。其间于2011年—2013年成为加州大学伯克利分校联合培养博士（Luke P. Lee 教授课题组），在美国盖茨基金会和DARPA项目支持下，为微流体便携式分子诊断系统开发的独立操作微流体驱动装置受到广泛关注。2013年在17届MicroTAS会议上口头报告受到广泛好评。

2015年12月，我入职河北工业大学机械工程学院，从事微纳系统、触觉传感器等研究。目前为中国微米纳米技术协会高级会员、中国机械工程协会流体传动控制分会青年工作委员会委员、IEEE Robotics and Automation Society 高级会员、河北工业大学"元光学者"（首批），*International journal of heat and mass transfer* 和 *Biomicrofluidics* 等期刊审稿人。2018年受邀参加第22届MicroTAS会议，并作为中国大陆三位受邀者中的一员做口头报告，受到广泛关注和好评。

一天哈工大人，一辈子哈工大精神。"规格严格，功夫到家"的校训是哈工大精神的具体体现，更是众多哈工大校友前进的行动指南。从进入哈工大学习的那一天，我就深深地受到哈工大精神的指引，并且感受到了哈工大精神对我生活、工作、人际交往的牵引和鼓舞。

"国家利益高于一切。"还记得当初在哈工大校园里看到这条标语时的震撼，随着时间的推移也感受到了这句话背后的深刻含义。作为哈工大人，作为一名在高校工作的青年人，我要以国家利益为导向，以培养服务国家事业的人为根本，以"规格严格，功夫到家"为行动指南，通过教学工作和科研工作具体践行"国家利益高于一切"的诺言，不辜负国家的培养，不辜负在哈工大度过的美好时光！

交流与期望

一、哈尔滨工业大学原校长、校友会名誉会长杨士勤教授访问河工大

2019年1月13日,哈尔滨工业大学原校长、教授、博士生导师杨士勤及夫人来河工大机械工程学院参观调研,并就学院及学科发展等问题与学院领导展开讨论。校长韩旭、副校长吕志伟、机械工程学院院长李铁军等参加座谈。

杨士勤教授访问河工大

杨士勤教授听取李铁军院长汇报学院办学情况及智能装备研究中心的发展情况

杨士勤教授及夫人参观了位于北院的河北工业大学机器人与智能装备研究中心,对中心设立的核心研究团队与研究方向给予了高度评价。他表示,中心设立的智能建造、智能制造装备、健康护理机器人、特种机器人、机器人可靠性等研究方向符合国家未来发展需求,具备较好的科学前沿性,对机械工程及相关学科的发展具有推动作用。

二、百年校庆的期盼

2018年5月4日下午,哈尔滨工业大学校长、校友总会会长周玉一行来到天津签署哈工大与天津市政府相关合作协议,并亲切看望天津各界校友代表。周玉校长说:"现在创建中国特色的世界一流大学是国家战略,更是我们这一代哈工大人的责任。还有两年将迎来建校百年,欢迎在津的校友们届时回母校参加校庆活动，了解学校这些年取得的成绩和未来发展的方向，为'中国特色，世界一流，哈工大规格'的百年强校梦想共同努力！"周玉校长勉励各行各业的校友们，努力学习中国特色社会主义新时代的理论，拥护共产党的领导，与以习近平为核心的党中央保持高度一致，在各行各业做出新的贡献。

科教兴国　　共铸辉煌

自1995年科教兴国战略提出以来,中国把科技创新和教育事业摆在重要位置。经过长期努力,中国特色社会主义进入了新时代,"科学技术是第一生产力"的论断深入人心,全民科学意识觉醒,中国科教事业发展的良好环境,成为国家发展、民族振兴永不枯竭的重要源泉。党的十九大报告指出,要"坚定实施科教兴国战略",并指出要"培养造就一大批具有国际水平的战略科技人才、科技领军人才、青年科技人才和高水平创新团队"。

河工大里的一批批哈工大人,谨记"规格严格,功夫到家"的校训,怀着科教兴国的理想,努力为我国科教事业做出更大的贡献,为河北工业大学的未来发展添砖加瓦,以更大的成绩向母校哈尔滨工业大学汇报。

我们以母校为荣,为母校增光!

融创里的哈工大人群像

从冰城厚积到津门澎湃：
跨越时空的交汇与传承

"规格严格，功夫到家"，这既是国内一流知名学府、被誉为"工程师的摇篮"的哈尔滨工业大学的校训，也是哈工大这些年培养出来的莘莘学子共同的精神追求与作风印迹。

在一千公里之外的渤海湾畔中心城市天津，哈工大的严谨学风与追求"至臻，致远"的融创文化有机地交融在了一起。融创中国执行董事、执行总裁兼华北区域集团总裁迟迅，华北区域集团总裁助理、华北区域集团人力行政中心总经理李跃成，华北区域集团副总裁、沈阳公司总经理姜呈家，华北区域集团设计院王佳恩，第一代创想家、西安中轩项目总经理范传鑫……一大批颇具哈工大风范的融创哈工大人涌现了出来。他们踏实稳健、笃实好学、敢闯敢拼，既有严谨务实的一面，又不乏激情澎湃。他们在传承哈工大精神的同时，更构筑起了融创新时期跨越式发展的四梁八柱，成就着中国房地产市场上的不朽传奇。

一千公里外的足音

十年树木，百年树人。大学之大，不在于大楼之大，而在于大师之大和桃李天下。就这一点而言，哈尔滨工业大学无疑是中国大学中的典范。

2018年4月，一场特殊的兼职教授聘任仪式在哈工大土木楼316会议室里举行。在这次聘任仪式上，融创中国执行董事、执行总裁兼华北区域集团总裁迟迅，被聘请为哈尔滨工业大学兼职教授。从哈尔滨工业大学建筑学院梅洪元院长手中接过聘书时，迟迅感慨万千："毕业21年后受聘哈工大兼职教授，是我人生最难忘的事之一。这是母校对我多年努力工作的认可，我很欣喜，也很感激。""因为当年毕业时没有接受恩师们的挽留、选择留校，所以这份荣誉更具有特殊的意义，对我来说这是一种回归。"

21年前，青春年少、意气风发的迟迅本科毕业，走出了哈工大校园，步入海阔天空的商海，开始在充满机遇与挑战的房地产行业中搏击长空。2004年加入融创担任融创置地有限公司副总经理后，他开启了职业生涯的新起点，与融创共同成长，彼此成就。昔日房地产行业中的这匹"黑马"，到2017年时全年销售额已经高达3 620.1亿元，在全国房地产行业中位列第四，成长为枝繁叶茂的参天大树。此时的融创不但在房地产行业无人不知、无人不晓，在老百姓当中更是有口皆碑。

尽管地处边疆北国，但哈工大这些年弘扬以"铭记责任，竭诚奉献的爱国精神；求真务实，崇尚科学的求是精神；海纳百川，协作攻关的团结精神；自强不息，开拓创新的奋进精神"为代表的哈工大精神，以及"铭记国家重托，肩负艰巨使命，扎根东北，艰苦创业，拼搏奉献，把毕生都献给了共和国的工业化事业"的哈工大"八百壮士"精神，建成了一支高素质师资队伍，沉淀了一批高水平学科，成为享誉国际的航天大校、国防强校、建筑名校，培养出了一大批杰出人才。

与哈工大遥相呼应的融创中国，从天津起家，坚持聚焦核心区域和打造高端精品的发展战略，以"至臻，致远"为品牌方向，以"客户需求"为导向，持之以恒地为客户专注打造高端精品物业，产生了强大的市场影响力和品牌竞争力，赢得了客户高度认可。

花开两朵，各自灿烂。无论是"规格严格，功夫到家"，还是"至臻，致远"，哈工大与融创的精神溯源是一致的。尽管大学与企业自有其不同，但在各自领域对完美近乎苛刻的追求，本质上是没有差别的。它们凭借这股子顽强闯劲、实干精神，各自成长为所处领域的领军者，且继续向新的高峰发起冲击。

"铁血大迟"开篇

追溯起哈工大与融创在今天的血脉联系，迟迅无疑是最为关键的人物。

在下属眼中，迟迅作为融创中国执行董事、华北区域的领队人，有理想、有激情、目标坚定、脚踏实地，通过努力与坚持带出了一支具有高凝聚力和超强执行力的团队。他带领着团队的每一位成员共同进步，实现自己的理想，是大家尊敬爱戴的"筑梦者"。

大家喜欢称呼迟迅为大迟，其实大迟这个称呼是从哈工大求学时开始的，他的同学和朋友直到今天都这样叫他。他在哈工大求学时期的老师如此评价：迟迅太适合这个"大"字了，他的大智慧、大胸怀、大格局、大勇气，从他在哈工大担任学生会主席时便展现出来。

生于 1973 年的迟迅是黑龙江鸡西人，高大帅气的外表透着地道东北人特有的豪爽，眼神总是充满自信和真诚。多年后，有老师这样评价他："迟迅正直有血性、敢担当，凡事争第一，典型的咱哈工大人执着坚持的性格。"

迟迅的大学生涯起始于 20 世纪 90 年代哈工大的土木楼，那曾是哈工大建筑学院的前身，哈尔滨建筑大学所在地。迟迅在校园里保持了"三个第一"，迄今仍难以撼动：第一届校学联主席，是全省高校学生工作和团学组织改革中的里程碑式人物；第一个被学校评为年度"十佳共产党员"的学生，该奖之前只颁给教师；第一个在教师办公室有办公桌的学生，时任校团委副书记。这让迟迅名声远播。

在他的组织和创新下，学校各类文体活动丰富多彩，风生水起。体育节、文艺节、篮球赛、辩论赛和学生座谈会等一系列活动，在当时的黑龙江省高校里独树一帜，乃至在全国都颇具开创性。他在全校范围内组织开展的寝室文化活动受到了中央电视台的关注，在《午间半小时》栏目播出，老师和同学们至今津津乐道。

"我一直觉得自己比较幸运，在大学遇到那么多好老师，又有那么多机会实践，这对我以后的工作帮助很大。特别是做学生干部，锻炼了我做事的逻辑思维能力和处理问题的方式方法。"追忆过往，迟迅谦虚地说，之所以能取得今天的成绩，是母校给予他梦想的起点，培养了他性格里执着坚韧、永争第一的特质。"规格严格，功夫到家"在他身上体现得淋漓尽致。

迟迅在大学时期有两次非常规选择，出乎常人意料的选择背后，既是偶然，也是必然！

一次是建筑系历史上第一次在田径赛中拿下三个冠军。过去，建筑系年年田径赛成绩全校倒数，谁也没想过这个系能在体育上取得拿得出手的成绩。迟迅却敢啃硬骨头，他当上系学生会主席后，带着男女队员们开始冬练三九、夏练三伏，就要替院系争口气。

当时，别的系的同学都说，建筑系这帮个性强、不服管的家伙想田径赛拿奖没戏，迟迅偏不信，天天给同学们加油鼓劲，带头训练。迟迅胃不好，那段时间时常胃出血，他却顽强地忍着，次次训练不离场。直至比赛当天，迟迅胃出血吐了一地，却愣是咬牙跑完全程。整场比赛下来，建筑系夺得三个第一，男女各得团体第一，男女混合也是团体第一。迟迅用他的拼搏和带头精神让建筑系的体育成绩从此扬眉吐气。

另一次是迟迅即将大学毕业时，学校要向建设部推荐一份优秀名单。"如果推荐优秀个人，那肯定迟迅是首选。如果推荐班级，那这个荣誉称号可能隔壁班更合适。"面对老师的左右为难，迟迅丝毫没有犹豫，主动放弃了优秀个人的殊荣，却成全了一个优秀的班集体。在师生们的心中，此举足以说明迟迅的胸怀与格局。

从哈工大走出去的人，都有着立志做行业翘楚的雄心壮志，迟迅自然也不例外。迟迅至今依然记得，班里的宣传栏里写着许多建筑大师的名字，最显眼的是最后一句英文"The next one is me!"他那时就暗下决心，要么当设计领域的大师为世界留下标杆作品，要么做产业领军者，解决百姓需求。

毕业时，母校希望他留校、保研，父母也希望他留在哈尔滨。在20世纪90年代，能够留校和保研无异于最好的就业选择，许多人都羡慕学校给他的机会。然而，不安分的迟迅非要出去闯一闯。他毅然决然地加入了中国建筑总公司的人才选拔夏令营,与全国五六十所顶尖高校的优秀毕业生争锋。迟迅进营没多久就给母校老师打来电话,说他已成为夏令营营长。在那次夏令营中,由于表现非常突出,迟迅是唯一被建设部主管领导记住名字的学生。

迟迅骨子里渴望挑战和实现更大的价值,自此踏上了职业生涯道路上一路奔跑成长的历程。先是就职于中建总公司旗下的中海地产,后回到中建总公司,再到中海总部。迟迅工作的地方从上海换到北京,又从天津折腾到深圳。他从睡工棚开始,干过前期开发和产品设计,当过营销经理、项目副总,无论吃多少苦他都咬牙挺着,因为他始终相信"没有克服不了的困难,只有想不到的办法"。奔波中的他,在强手如云的名企中迅速成长进步,还被领导看中,希望他给中建总公司高层领导当秘书。

正当事业发展高歌猛进的时候,迟迅却再次做出了惊人之举。2003年,三十岁的迟迅果断辞职,放弃了人人羡慕的央企高薪工作,加入了当时的地产界黑马——融创。面对周围人的不解、亲戚朋友的反对,迟迅没有立刻反驳,而是选择了沉默。三年时间,他在沉默中爆发,带领团队把融创天津上谷项目做成了全国优秀商业项目,当时国内掀起一片学习上谷模式的热潮。迟迅的名字在国内商业地产圈突然叫响,他给自己的转身交上了第一张完美答卷。

这些年,迟迅刷新融创纪录的脚步从未停滞。"融创永远都是在跟自己比。对想做事的人来说,这是一个最好的平台,给所有人机会,以结果为导向,沟通简单有效。"一向不愿循规蹈矩的迟迅能安下心来跟着融创开疆拓土,与融创的企业文化分不开。他说,在这支有理想、有激情、目标坚定、执行力超强的英雄团队里,每个人都全情投入,努力程度超乎想象。在这里,他找到了在母校哈丁大读书时的感觉:青春充满朝气,激情不失严谨。本打算在融创先干几年试试看的迟迅,越来越离不开这家和他性格极度契合的企业,一转眼就干了十五年。

早从大学起,迟迅就是一副敢担当、能拼命的样子。这些年在融创全力以赴,胃病也是时好时坏,不要命的作风丝毫没有改变。"大迟对自己太狠"是身边同事们最常有的评价。有人曾亲眼见他做完了胃镜息肉手术,没等麻药解除就扶着墙上班。秘书透露,他为了不耽误会议,甚至早晨六点就去医院拔牙,然后马上咬着棉花赶回来上班。工作除了春节几乎全年无休,加班到深夜早已是家常便饭。

迟迅毕业后的20年里,始终带着大学时代的求真务实和执着严谨的性格烙印,融创华北区域的近百个建筑产品无不渗透着他的心血。他常说,要为了客户需求不断地去打磨产品,不断创造超越人们美好生活想象的好产品。这些年,无论企业发展到什么规模、个人的角色如何变化,他始终坚持亲自担当产品总监、规划总监的角色,始终强调对细节和品质的追求,从几十万业主的数据信息中,不断摸索、梳理客户对生活的需求,甚至是挖掘他们内心深处自己都没能意识到的需求,创造出令人惊喜的生活场景,打造出一种生活之上的生活,不断超越客户预期。他对产品的苛求在公司里人尽皆知,他总是认真研究全生命周期、全生活周期的产品需求,反复雕琢每个产品的户型、材料、效果,甚至一个户型图翻来覆去能推敲四五十遍。如果有效果不尽如人意的情况出现,即使赔本,也要推倒重来,否则过不了自己的心理关。就是他这份执着严谨,换来了融创华北区域的良好口碑和绝佳业绩。

群星璀璨耀融创

正是在"大师兄"迟迅创造的非凡业绩感召下，每年融创在哈工大的招聘专场都异常火爆，越来越多的哈工大学子开始将实现人生志向的目光投向融创，对位于渤海之滨的天津有了更多的希冀。随着迟迅的开篇，李跃成、姜呈家、王佳恩、范传鑫、李理、张拓、张晓瑜、刘秀明、潘春娜、林新新等人的陆续加盟，让融创的星空更为璀璨。

人力资源负责人李跃成是其中的典范，是关心服务员工的"大管家"，也是牢把人力资源公平公正公开导向的"铁将军"。这个从苦难中走出来的农家子弟，在哈工大的熏陶下练就了一颗强大的内心。李跃成常说："这世上从来没有捷径，你想得到就得付出，泪水和抱怨永远解决不了问题。打不倒你的都会使你更加强大。"从哈工大到融创，从冰城到津门，一路走来不断成长的李跃成，将命运牢牢地掌握在了自己手中。

8岁那年，李跃成的母亲因病离去，父亲在他很小的时候就背负家庭的重担外出打工。没有父母呵护，能做的只有坚强，把所有力所能及的事扛在幼小的肩头，尽早学会独立生存。要强的他主动给家里干农活，累到腿打哆嗦、吃不下饭去是常事。

求学生涯一路走来，没有人能帮助他出谋划策，都是自己拿主意、想办法，他变得越来越有主见。高考成绩揭晓，他一举拿下 647 分的高分，在当时有很大的名校选择余地。但一眼看到哈尔滨工业大学的校训——规格严格，功夫到家，他就有种眼前一亮的感觉。哈工大理工科氛围浓厚，学生务实较真，认真负责，这种品格跟他的性格很匹配。这就是他理想中的大学！几乎没有过多犹豫，他果断地选择了哈工大作为人生寻梦的新起点。

美好的大学时光转瞬即逝，怀揣着梦想与大学求学时养成的严谨作风，他从步入社会开始就始终是同龄人中的佼佼者。父母在，不远游。2012年初，在沈阳工作的父亲生病住院，他听到这个消息始终放心不下，上大学、工作离开父亲这么些年，这时候越发想陪在父亲身边，多尽尽孝心。虽然当时事业风生水起，领导一再挽留，但是对父亲的牵挂让他下定决心，背起行囊，来到沈阳。

经过几年的悉心照料，父亲身体状况好转，李跃成深埋内心的工作期待开始觉醒。在他看来，只有选择正确的道路并不懈奋斗，才能与成功贴得更近。2015年，机缘巧合下他与融创相识，并最终加盟。在天津，他开始迎接更高的挑战。他常说，最终你相信什么，就能成为什么。因为世界上最可怕的两个词，一个叫执着，一个叫认真，认真的人改变自己，执着的人改变命运。只要在路上，就没有到不了的地方。

2015年升到M2，2016年到M3，2017年到S1，2018年到S2，李跃成如鱼得水，在融创飞速地成长。之前，公司招聘通过率不到50%。他担任招聘经理后，通过率逐渐提升至90%以上。不只在招聘上，针对公司绩效考核等事项，他但凡有想法直言汇报，都会得到首肯。从2016年初融创挺进郑州，到2016年底收购融科进入大连，再到2017年进入沈阳，同年5月收购天津星耀五洲，在融创发展的多个关键阶段，都有李跃成不懈拼搏的身影。

姜呈家是哈工大在融创大家庭中的又一员干将。大迟和姜呈家曾经是昔日学校里的师兄弟，上学时是前后任学联主席，如今则是一个战壕里共同奋进的兄弟。正是在大迟的盛情邀请下，2017年9月，姜呈家放弃了原国有企业副局级领导的位置，选择加盟融创，开启人生事业的新篇章。

这样的一个辞职决定，如果放在别人身上，也许会犹豫很久，姜呈家却干脆利落。这正是因为融创强劲的文化吸附力以及迟迅的个人人格魅力的感召。

"每次融创开全员大会，都有一个环节，自由发言。每次开会都排特别长的队，任何人都可以站在台上说，大迟和高管们都会耐心听取每个人的发言。事隔很多年，大迟依然能够记得许多员工在大会上的发言内容。在别的公司，一个员工可能一辈子都没有机会站在台上，让领导坐在下面听他发言。"姜呈家说，"这个事情是给我印象最深刻的，融创就是这样一家企业，信任并尊重每一个人，让每一个人都有机会。"

姜呈家加盟融创的时间尽管不长，从入职区域产业地产中心总经理开始，他摧城拔寨，聚集小镇项目的快速落地和有效推进。随后又在2018年9月挥师北上，调任沈阳公司担任城市公司总经理。赴任沈阳之后，他发现当时因外部楼市调控市场不振、品牌房企扎堆竞争激烈，内部团队士气低行动缓、项目库存大去化慢、拓展乏力位置偏远、发展资金难以支撑、总包方更换频繁延误工期、项目品质难以保障等种种不利因素，沈阳公司在全区域中排名靠后。他拿出哈工大人关键时刻不服输、不气馁的顽强拼搏精神，带领大家破釜沉舟，凤凰涅槃，浴火重生，硬是在逆境中杀出了一条血路。

融创中国华北区域集团研发设计中心总经理王佳恩，从设计专业层面，延续着哈工大的良好口碑。1998年走出哈工大校门，在知名企业闯荡多时的他在2013年选择加盟融创，自此便潜下心来，将几乎全部精力都投入融创的大发展当中。

回忆这些年在融创拼搏的故事，尽管加班是家常便饭，连晚上睡个整觉都是奢侈，但在团队一致目标的驱动下，他带领团队上下一心，从西安到郑州，不断攻坚克难，收获的是满满的职业成功幸福感、满足感与获得感。

在他看来，融创与一般公司的不同之处就在于，这是一个用梦想和信仰驱动的公司。管理层在公司发展的宏观层面会给予引领，设定一个看上去几乎难以完成的目标，公司的中坚力量会为完成这个设定的目标不懈努力。事实上，只有敢于定高目标，才能用高目标来牵引所有人朝着一个共同的方向努力。如果你和公司的前辈们一样，真的把公司的事当成自己的事业时，没有条条框框、论资排辈，你就是那个公司需要并获得提拔的人。

融创的大家庭中，不只有流淌着哈工大血液的带头人、领路人，一大批优秀的青年骨干也迅速成长起来、开始崭露头角。他们在普通岗位上用不凡业绩与敬业精神，诠释着哈工大人独有的魅力。

范传鑫，融创"创一代"。唯有付出不被辜负，创想惊艳了时光。2014年入职融创后，他从华北区域集团总裁业务秘书干起，到2015年开始参与到天津全运村项目中，接触项目管理并迅速成长，逐步独当一面。入职三年晋升为西安中轩片区项目总经理，实现了从工程师到项目总经理的华丽转身。在他看来："我所能想到的最幸运的事，莫过于同一家卓越的企业一起成长。"

李理，毕业于哈工大的他2016年入职融创华北区域集团工程管理中心，仅仅一年之后，就勇挑重担，先后担任大庆公司总经理、哈尔滨融创文化旅游城项目总经理。重压之下他不但没有退缩，反而一再攻坚克难，实现突破。华北区域集团2018年度冠军项目奖、华北区域集团2018年度优秀团队奖、华北区域集团2018年度最佳利润贡献项目奖……一系列荣誉拿到手软，在这背后是他带领团队用激情和梦想诠释人生的价值。

张拓，融创华北区域集团"创三代"。从2016年与融创结缘开始，他从项目土建细节入手，逐步成长为能够在项目管理上独当一面的郑州空港宸院项目总经理。性格中细致入微的一面，使他习惯用最严苛的尺度审视每一项工作，专注于将产品做到极致。他总是谦虚地说，如果说取得了一些成绩，那么要归功于每次都做得比别人多一点，比别人更努力一点。积土成山，积水成渊，点滴汇聚让他比同龄人在成功的道路上走得更远。

张晓瑜，2016年3月从哈工大毕业后进入融创中原公司，踏实的学风与严谨的工作作风在他身上紧密结合在了一起，使得他在项目设计中能够做到百分百投入，事事思考在项目开工之前。曾经刷新了中原公司地块节能绿建评审及规划证进件工作纪录，先后荣获2016年度华北区域集团优秀创想家、2017年度中原公司优秀员工等称号。

刘秀明，哈工大毕业后一直在房地产行业的设计领域迅速成长。2016年入职融创西安公司后，她大展拳脚，负责了北方第一个中式合院项目——揽月府项目，与此同时还在西安的多个豪宅、高端住宅、合院上积累了丰富的设计经验。她说："人生就像一只储蓄罐，你投入的每一分努力，都会在未来的某一天，回馈于你。而你所要做的，就是每天多努力一点点。"

潘春娜，2006年免试保送到哈工大学习深造，在校期间勤于积累，无论是学业还是管理能力都为未来奠定了坚实基础。2017年入职融创后，厚积薄发，在客户关系维护上展现出卓越的一面。不但稳妥处置了一批项目的遗留客诉，而且快速完成了大连公司客户服务体系的搭建，使之具备高起点服务能力。她始终坚信，华丽跌倒好过无谓的徘徊，一直往前走，总比站在原地更接近成功，只要路是对的，就不怕路远！

林新新，2016年7月入职融创，一名怀揣梦想、脚踏实地的"创二代"。工作从参与项目精装工程审计起步，不畏艰苦，不怕得罪人，先后多次在审计中发现漏洞，最终审计责成项目对不合格材料全部清退撤场，对相关管理问题进行整改并对相关责任人进行追责，确保合同真实履行及保证履约质量，为公司挽回一大笔损失，他本人也被评选为2017年度华北区域优秀个人，得到表彰。他说："和佛系人生相比，我更喜欢为梦想而努力奔跑的姿态。梦想不会发光，发光的是追梦的你。"

…………

优秀的哈工人，在融创还有很多很多。在群星闪耀的融创，因为有了哈工大人的参与，整片星空绽放光彩，更加夺目。

回归梦想起程之地

优秀的人总是相互吸引。越来越多的优秀哈工大学子，已经将加盟融创作为自己毕业之后的人生选择。前辈早已铺就了成熟的发展道路，循着师兄师姐们不断刷新着没有天花板的人生高度的步伐，光明的未来其实清晰可见。

与此同时，哈工大与融创之间的交流往来也越来越频繁，跨越上千公里的良性互动，延续着内在相通的精神血脉。

2018年4月，哈工大建筑学院博士生企业学术交流团来到天津，在融创华北区域集团进行了为期三天的学术考察。学术交流团参观了五个不同类型的精品项目，这些项目中既有主打科技、健康的高端住宅，也有强调公众参与体验的公建商业类项目。

通过实地考察并结合项目负责人的讲解，同学们了解到了地产项目从开发、施工到落地的全过程，以及行业发展的动向和最新施工工艺的运用。参观过程中，同学们结合自身专业背景，对个人研究领域成果转化、未来职业规划进行了深入的思考。

在一位来参观的博士生看来，通过这种方式，哈工大在校学子更能亲身体会到融创的"美好生活整合者"定位，对地产行业的工作模式和发展前景会有更深入的了解，会更好地做出职业规划。

为了支持哈工大的教育事业，融创中国控股有限公司向哈工大教育发展基金会捐赠人民币300万元，用于设立融创奖教学金，以表彰"十佳大学生""十佳学生干部""十佳辅导员"等优秀师生，成为哈工大优秀学子争相赢得的最高荣誉。除了真金白银，融创还为哈工大学子提供实习和就业机会。迟迅希望，融创的聚焦高端精品和美好生活整合服务商的战略目标，能够为与母校深度合作带来机会。

迟迅虽然是地产领军者，但是他的身上始终带着职业建筑师的专业精神，他说这种专业精神离不开母校的培养和熏陶。

迟迅还实现了一个自己多年的心愿。他带领融创哈尔滨公司在当地举办了盛大的品牌发布会，正式宣布将融创产品带到哈尔滨。迟迅在发布会上的致辞很令人动容，他说这是培育他的地方，这里有他难忘的大学时代，做房地产这么多年，一直在盼望着把好房子建到哈尔滨来，把好服务带到这片充满情感的土地，未来他将深耕哈尔滨，努力提升哈尔滨人的生活品质。

"哈工大培养出来的学生就像好酒，越品越醇厚，时间越长越有味道。"这句话道出迟迅对母校的深情，也道出哈工大人的精髓所在。对于母校学子，迟迅寄语道："一定要有梦想，有追求，但也要用包容失败的心态去面对成长中的挫折。任何成功都是踏踏实实不断努力、不断学习、不断完善的结果，任何事情只要坚持就一定会成功。"

迟迅身上淋漓尽致地体现着哈工大人的精神。他用特有的"大迟"个性，展现着建筑人的"忠诚、进取、求实、创新"，执着坚韧地践行着哈工大的"规格严格，功夫到家"。21年过去，不走寻常路的迟迅身上依然带着大学时代的激情与热血、拼搏和创新，从他坚定的目光里仍然能够看到，他还是当初那个满带理想、心怀豪情的青年领袖。

融创的哈工大人，是奋斗融创人的经典缩影，也是千千万万哈工大学子的生动代表。哈工大赋予了每个学子优秀的基因，融创给了每个奋斗者圆梦的舞台。哈工大人，奋斗，奋斗，再奋斗！融创，前进，前进，再前进！

（文 / 毛振华）

校友会会长致辞

郑炜致辞

哈工大天津校友会换届大会上的发言

尊敬的杨士勤校长及夫人、乔富源秘书长、景瑞副校长、母校领导、各位嘉宾、各位校友：

大家下午好！

值此新春佳节即将到来之际，我们相聚一堂共同见证了哈工大天津校友会新一届理事会的诞生。在此，我代表筹备组和新一届理事会对各位领导、嘉宾、校友的到来表示热烈的欢迎。

刚才举行的换届大会上大家选举我为校友会新一届会长，在此，我对大家的信任表示衷心感谢！

我今年已经年满61岁了，而且身患癌症，我这个年龄和身体状况，本应该能少做点事就少做点事，能少担点责任就少担点责任，选举我担任会长是各位领导、上届班子和广大校友对我的信任和鞭策。会长一职，应该由校友这个群体中深得会员拥护的德高望重者担任。天津校友会换届工作从去年初就开始启动，候选会长一职本是推荐市政协原常委、电视大学校长冯雪飞学长担任，但市委组织部10月底才做出不予批准决定，由于这个特殊原因大家推荐选我担任会长一职。应该说做会长我本不够格，在这之前的几个月也犹豫再三，思想上很纠结，是校友们的热情和真诚，以及你们的信任和执着打动了我。所以我勉为其难地接受了这副担子，同时，也是接下了大家的这份嘱托和沉甸甸的责任。我希望在以后这五年的任期内能尽我所能不辜负大家的信任和期望，带领大家一道努力做好天津校友会的工作！

在这里我要先谈一点题外话。在去年的年会上校友会为我颁发了特殊贡献奖。在会上的获奖感言中，我谈到了我对生命和癌症的认识，谈到了我对校友会的特殊感情和做秘书长工作的体会。会后，母校和总会领导多次打电话关心、问候、鼓励我，并将我的获奖感言发到全国哈工大校友会工作群。此后，我收到全国许多素不相识的校友的关心、支持、帮助、鼓励和祝福。不少素不相识的校友帮我寻医问药，免费寄药给我试用，帮我联系赴国外治病。尤其在我2018年10月再次去日本治病前夕，临出行时天津校友会的十几位年轻校友特别组织为我送行，还专门为我买了"幸运手环"，希望幸运伴随我左右，祝我的身体早日康复。这些校友的深深情谊使我深受感动，我一直念念不忘、铭记在心。说实在的，我这个人以前一直不戴任何饰品，包括手表，但这个手环我一直把它带在身边，因为它是校友们的心意与祝福，我要让校友们的情谊和祝福永远随我同行，成为鼓励我战胜癌症病魔的精神力量。同时我还要向大家报告，我去年8月在日本做了第二次淋巴瘤扩散手术，手术很成功，尽管左肾和淋巴还有扩散，但目前仍在积极治疗和控制之中。两年来，在与癌症的抗争中，全国的校友、我的同事、朋友和家人，给了我持续的关心、理解、支持与陪伴，给了我战胜癌症的巨大勇气和克服困难的精神动力，我深深感受到"人间自有真情在"这句被人们说过千万遍的话的深切含义。当你深处危难的时候，才会真正体会到曾经被这么多的陌生人关爱着是多么幸福！这不仅是内心的温暖，还有康复的信心和战胜疾病的勇气与力量！在此，我要向母校的领导，向全国关心我的校友、同事、朋友和家人表示衷心的感谢！谢谢你们！

今天，大家选我担任会长，既是全体校友对我的一份信任，也是大家鼓励我战胜疾病和对我美好生活与生命珍视的期许！谢谢校友们的这份特殊关爱与祝福！我希望尽可能延长生命的长度，更希望尽我所能活出生命的广度和深度！我将尽我所能不辜负大家的信任与期望！五年后，也许我的身体如大家所愿已经康复，我也许将发现另一个更为卓越的自己！

今天，新一届理事会产生了，完成了新老交替，而且绝大多数是年轻校友，为校友会充实了新鲜血液和生力军，这是全体校友对我们全体理事的一份信任。

我们这一届理事会中，90%的理事是新人、年轻人，尤其在去年12月份新成立了土木建筑分会，今年1月6日新成立了继续教育分会，壮大了天津校友会的力量，可喜可贺！但我们绝大多数理事对校友会工作还不是很熟悉，在这里我想和校友，尤其是新当选的理事们谈几点关于校友会的肤浅认识和工作体会：

1. 正确对待校友会的"功用"

我希望新一届的理事会成员要有格局、有理念、有热情、有奉献精神。

很多校友包括我们一些理事会成员一直在说校友会要"有用"。但我并不完全赞同这种提法，因为它不完整，尤其这种说法不能作为我们倡导的口号。"有用"只是我们校友会的功能之一。全国个别高校校友会因为有的校友太注重校友会"有用"的功利功能，校友间为争夺校友会资源互相攻击、互相拆台，造成极坏的影响，既败坏了母校的声誉，也损害了自己的名声。

作为校友会的组织者，我们组织校友会是为了搭建平台、交流情感、互通信息、共享资源，其功能和目的是为了服务校友、服务母校、服务地方经济，最终确实对社会"有用"。但我们作为组织者和参与者不能只为了"利"而参加，为了"用"而加入，作为组织者我们要倡导它的服务功能，尤其是理事会成员要拥有付出和奉献的服务精神。其实，大家在这个平台为别人付出服务的同时，也会在不知不觉的付出过程中得到"有用"的回报。这个回报可能是相互交往中新知识的积累，学长传、帮、带的指点，协同工作组织能力的提高，业务互利合作中财富的增长，优秀校友导师指导事业的发展，等等，但希望大家把"有用"和"服务"这二者摆好先后顺序。希望作为理事和骨干的你，凡你对别人所要求的，首先对自己要求；凡你希望自己得到的，你优先付出让别人得到。希望理事会成员都是为了"利他"而来，为他人、为母校、为社会"有用"而来，使哈工大天津校友会真正成为一个对全国哈工大校友、对母校、对社会都"有用"的平台。

2. 要始终怀揣校友情怀

我们加入哈工大校友会首先是有哈工大这个纽带，有校友的情怀。我们感恩哈工大，为延续哈工大情怀共同来到这里会合，愿意为这个平台而付出，为这个平台服务和奉献。几年来我在做秘书长的工作时，周围涌现出了一大批怀有纯真校友情怀、无私奉献的志愿者，他们中有年轻的校友，也有年老的学长，他们都无私忘我投身校友会的工作使我终生难忘。81岁的马方廷老学长，从2012年校友会筹备成立到今天换届选举，一直积极为校友会的工作不辞辛苦、义务奉献，只要有需要就义不容辞地主动承担，他的精神成为年轻校友学习的榜样。我们年轻的阴妍妍校友，工薪阶层，2013年校友会刚成立，她第一时间为校友会赞助3 000元活动经费。后来我们从校友总会得到一份各地爱心捐助者名单，发现几乎校友总会相关机构组织的十多次爱心捐款活动都有她的名字，且捐款数量都是较多的，外地校友会有活动她都自费主动去参与。他们考虑到校友会后续活动经费问题，她与逄国林、王堪杰三位校友每人赞助1万元组成摄制组，义务制作哈工大天津校友企业宣传片，宣传校友会和校友企业，为校友会的后续发展储备能量，这几位校友也是每次活动的赞助者和志愿者。熊敬勇校友家住天津而事业在北京和重庆，但每次天津校友会活动都积极参加并赞助。移居加拿大的戈晓阳校友，去年加入校友会就匿名为校友会捐款5 000元，一个月前从加拿大回国探亲，在回加拿大前专门找到我为这次年会捐款表达心意。还有杨振敏、崔玥夫妇都是哈工大的博士校友，做机器人产业，去年加入校友会后每年都为校友会活动赞助5 000元。本次换届我推荐她作为副会长人选时，她犹豫再三对我说："郑老师，我怕我的精力和能力达不到，耽误校友会的工作，我所能做的是我的专业和与相关政府部门对接，这些方面可以为校友会和校友服务。"其实我们需要的就是我们的校友结合自己的业务专长和社会资源优势为校友对接服务，在促进自身发展中带动校友共同发展。一位年轻的妈妈校友今年给我发的微信使我印象深刻，她说："我参加了一次校友会的筹备活动，深受感动，这几年做妈妈带小孩没时间参加活动，今年孩子大一点想出来为校友做些事情，或为理事会做些工作，但我不知道如何做。我没有见过您，不知这样提出是否很唐突？"我还没有想好如何回答这位热心校友，第二天她又给我发微信说："我向校友咨询了校友会的工作后觉得我离做理事还有差距，我还是从校友会活动的志愿者做起吧！"她就是我们这次年会活动的志愿者之一，一位年轻的妈妈，博士、大学副教授常冬梅老师。还有王国恩、武洋、李龙飞、阎旭、李博宇、苏文圣、王麟、黄常维等许多许多志愿者数年如一日为校友会默默奉献，我无法一一列举。尤其在今年的年会筹备工作中，重新设计了会旗、会徽，增加了大量的文案撰写工作，有的反复修改了十几次，我曾向大家表达歉意并致谢，校友们回复说："我们为校友会所做的都是一些小事，是应该的，希望您注意休息、保重身体。"这些使我非常感动。"其实世上本无大事，任何大事都是由无数的小事堆砌而成的，最终才成其为伟大的事业。"也正是有了你们这些校友在无数的小事情上日积月累的付出才成就了哈工大天津校友会的今天。在此，我代表新一届理事会向你们这些怀揣校友情怀、为校友会默默奉献的无名英雄致以衷心的感谢和诚挚的敬意！

3. 校友会资源的积极利用

尽管校友会的资源和功用是多方面、多角度的，但校友会也不可能在短期内同时满足不同领域、不同阶层、不同年龄的校友的需求，尤其新成立的土木建筑分会和继续教育分会，还需要时间去梳理和整合，工作要稳步开展。所以，大家要心态平和，不要急功近利、急于求成。我们作为组织者一定会尽我们所能向满足大家的需求这个方向加紧工作、努力拓展。同时，希望大家要积极有效地利用校友会已有的平台资源，主动加入进来，献出你的智慧和才能，提出你的需求与资源，去寻找、去吸收，去发现、去匹配，有心者才恒有用。亲戚越走越近，校友越走越亲！希望各位校友以今天的聚会为开端，多联系、多走动、多互动，共同谋发展。让我们人人都为校友会献出一点爱，整个校友会都会充满爱。我相信在大家的共同努力下，天津校友会这个平台将会越办越好，"功用"会越来越强。

天津校友会在上一届理事会的领导下工作取得了可喜的成绩，形成了自己的特色。从朱世和会长今天的工作报告中，我们看到了上一届理事会在不同层面扎实工作的点点滴滴和丰富多彩，他们在工作中紧紧围绕服务校友、服务母校、服务社会的宗旨，紧紧围绕天津市的经济建设，紧紧围绕天津校友会遇到的实际问题，找准工作定位和切入点，做了许多开拓性的工作。其工作得到校友总会领导的肯定和兄弟校友会的广泛好评，其工作经验在第六届海内外校友工作联谊会上进行交流时，受到较高评价，为天津校友会今后的工作打下了良好的基础。

今天会议的盛况，让我们看到了天津校友会的影响力和感召力。

尤其今天原开会的会场电梯突发故障，30层的会议厅无法启用，我们大家一起共同完成了一个看似不可能的奇迹。500多人的会议，4个小时经历了重新临时找会场、换场地（两地相距20多公里）、物资转移、紧急调配会议桌椅及设施、临时租用并搭建会议视频系统、电话通知每一位校友和参会嘉宾，保证了会议顺利召开。这充分显示我们哈工大天津校友会是一支决策果断、反应迅速、协调有序、配合默契、执行力强、特别能战斗的队伍。母校"规格严格，功夫到家"的校训已经融入我们的血液中，铸就在我们的品格里。在此，我代表新一届理事会对朱世和会长、冯雪飞等副会长和各位理事五年来卓有成效的工作、辛勤的付出和无私的奉献精神致以崇高的敬意！向上一届理事会的顾问专家委员、老领导、志愿者们表示衷心的感谢！

世界上唯有一件事是不可辜负的，那就是爱和信任。今天，校友选择了我们，对我们新一届理事会成员是一个新的开始，责任已经在肩上，只有迈开脚步、面向未来、砥砺前行才是我们的态度。我相信，这是我们新一届理事会成员的共识。

近年来，全国各地校友会工作非常活跃，尤其北京、上海、深圳、四川、西安等地校友会都搞了许多生动活泼、富有创意和成效的活动，我们天津校友会怎么办？我们除继承上一届理事会的优良传统和脚踏实地的工作作风，继续坚持他们富有成效的好的工作方法和运行模式，继续坚持发挥好专家团队和顾问团队的智囊团作用外，将结合新形势、突出重点、抓住关键、继往开来、开拓创新，针对天津的特点努力做好以下几方面的工作：

1. 加强校友会的文化建设

争取花一段时间总结提炼出我们天津校友会的校友会文化，提炼出我们校友会的价值观、道德准则和目标愿景。尽管校友会是一个非营利的社团组织，是一个相对松散的弱联系群体，但我们能聚集在一起，有热情愿意来为校友服务和奉献，是因为我们心中有情怀。通过价值观的提炼与传播，凝聚校友的归属感，使我们心中有愿景、工作有目标、行动有方向、追求有梦想、参与有使命，无论参加校友会的何种工作，都有责任感、成就感和荣誉感。

2. 加强校友会的资源平台整合

我们将联合在津兄弟高校校友会加快"共享科技智库"平台的建设，整合在津高校校友会旗下的人才资源、企业资源、科技研发和技改需求资源、各高校母校的科技成果资源，尽快建设好"行业专家人才库、科技成果库、企业资源目录库、企业供需平台、科技服务平台"，使"共享科技智库"平台早日服务各高校的校友和母校，服务地方经济。

3. 推动开展外引内联工作

继续加强与外地哈工大兄弟校友会、各高校天津校友会、协会、商会的合作，针对不同对象探讨不同的合作模式，实现共赢发展。

4. 加强对校友会各分会工作的指导

在对分会工作的指导方面我们尚缺乏经验，我们需要走出去，多向北京、上海、深圳、四川、西安等校友会学习，尤其北京校友会是全国哈工大校友会工作的领航者，我们地缘相邻、人缘相亲，又是战略合作伙伴，近水楼台先得月，我在这里提前向于明秘书长预约，今年我们将组织分会去北京校友会学习取经。

5. 提高校友会工作的质量和服务的有效性，开展形式多样、丰富多彩的群体活动

在开展活动中，我非常赞同北京校友会熊焰会长的观点："要守住底线，活动放开。"各分会、兴趣小组、行业团队有兴趣、有需求、有价值就积极开展，在丰富活动的基础上推动活动价值的提升。百花齐放，百家争鸣。

因此，我们新一届理事会的全体理事将群策群力，积极参加理事会工作，认真履行好理事职责，树立全心全意为校友服务的思想意识，在工作中力争做到："努力学习，不断提高，勤奋工作，积极进取，勇于开拓，不断创新。"希望上一届理事会的老同志继续为我们当好顾问和参谋，对新一届的年轻理事做好指导和传帮带；新一届理事以上一届理事为榜样，虚心学习，承担新使命，聚焦新目标，真抓实干，在活动中锻炼，在工作中提高，在服务中成长，把各项工作顺利向前推进，使校友会更加焕发勃勃生机。

总之，感谢上一届理事会为我们组建了一个年轻的、富有朝气的工作团队，我们将发挥年龄、结构、知识、精力、勤奋的优势，发扬上届理事会的优良传统，坚持上届理事会的工作经验，站在上一届理事会的高起点上，恪守信念、与时俱进、砥砺前行，力争圆满完成本届理事会的任务，把天津校友会办成全体校友传递友情和价值观的情感纽带和精神家园，办成校友分享成功与喜悦的开心场地和休息驿站，办成校友与母校的沟通桥梁，办成校友间信息交流、资源共享的互动平台，办成助力校友事业发展的加油站与助推器，为再创天津校友会工作的辉煌做出我们的贡献！

最后，我代表新一届理事会，再次向上一届理事会的全体同志、向为校友会做出贡献的各位领导、顾问专家委员、志愿者们，向长期给予哈工

大天津校友会支持的在津高校校友会、协会、商会的同仁们表示崇高的敬意和衷心的感谢!

祝大家2019年新春快乐!身体健康!工作顺利!阖家幸福!万事如意!

谢谢大家!

郑炜

郑 炜 简介

郑炜，1957年12月生人，1977年进入哈尔滨工业大学7725班学习，1986年天津大学在职硕士研究生毕业，一直担任天津大学液压教研室支部书记、副主任。自1982年进入天津大学以来，主持完成各类科研课题80余项，累计科研经费3 000余万元，发表论文34篇，参编教材2部；获中国石油天然气总公司科技进步奖三等奖1项，天津市技术创新奖1项，中华农业科技奖三等奖1项，北京市"现代都市农业安全高效技术研究与应用"创新奖一等奖1项，推广一等奖2项，获发明专利16项、实用新型专利39项。现任中国企业文化研究会副理事长、天津市企业文化研究会会长、哈工大天津校友会会长、天津市创造学学会副会长。获中国企业文化研究会改革开放40年中国企业文化"四十杰出组织者奖"、"新中国70年企业文化建设"先进工作者、哈工大天津校友会杰出贡献奖。

李铁军致辞

哈尔滨工业大学第二届科教分会第一次会议讲话稿

尊敬的郑炜会长、徐肖豪会长、冯雪飞会长、各位校友：

大家好！

热烈欢迎哈工大各位校友莅临河北工业大学。哈工大的优秀毕业生一直是河工大的重要师资力量，目前有上百位哈工大校友在河工大任职，现任的韩旭校长、吕志伟副校长都毕业于哈工大，还有一批成为教授的哈工大校友为河工大的发展做出了重要贡献。在此，我代表河工大对哈工大校友的付出表示衷心的感谢。

2016年4月9日哈工大校友会科技教育分会正式成立，时间一晃走过了3年多。在徐肖豪会长的带领下，在天津校友总会和广大校友的支持与努力下，科技教育分会工作内容丰富多彩，已成为科技教育领域校友沟通的重要平台。在此，我们对第一届科技教育分会的辛勤劳动表示衷心感谢。

非常荣幸当选天津校友会科技教育分会会长，真心感谢大家的信任和支持，同时，我也深感责任重大。校友会是校友与母校之间互相联系的纽带和桥梁，也是校友之间交流信息、资源共享、联络感情的平台。春华秋实，桃李芬芳。母校是校友的精神家园，每一位校友的心灵深处都有深厚的母校情结。我本人在母校学习期间，得到了校领导、师长的关心和教诲，至今受益匪浅。饮水思源，我对母校一直心存感激，愿为母校发展尽微薄之力。我将履行会长职责，竭尽全力，努力做到：传播和弘扬母校"规格严格，功夫到家"的校训精神，广泛联络和凝聚校友，加强校友之间的联系，增进校友之间的感情；促进校友与母校之间的联系，为母校的发展做出贡献；促进校友事业发展，为当地经济社会发展做出自己应有的贡献。

借此机会,我想讲几点对校友会工作的思路,与各位校友会成员共勉。

一是提升责任意识,创新校友会工作。哈工大在新中国的发展历程中一直是教育和科技的中坚力量。每一代校友都彰显着时代特征,新时代中国特色社会主义的新篇章已经展开,我们有责任做新时代的践行者和创新者。科技和教育是社会发展的未来,所以分会将在天津总会中起到这个作用,创新分会的工作是本届分会的一个目标。

二是紧密围绕服务地方经济,发挥哈工大的优势。天津是北方重要的经济中心,是京津冀一体化战略的重要一极,应有效对接天津经济社会发展需求,对接母校学科优势资源,积极为母校与政府、企业、社会各界之间的沟通和联系牵线搭桥,并促进开展全方位、深层次、实质性的交流和合作;同时,发挥各位校友的资源优势,为国家的经济建设和社会发展起到积极推动作用。通过校友促进地方经济社会的转型升级是我们分会的重要着力点。

三是履行校友会章程,促进校友会规范化管理和有序化运行。认真履行校友会章程,保障合法合规运行;坚持强化服务,努力将校友会建成真正的"校友之家";通过扎扎实实的服务为校友成长成才、创业创新铺路搭桥,促进校友事业发展。

四是要着力做好以下几件工作:(1)2020年是哈工大百年校庆之年,做好母校的百年庆典,将是本届分会的重要工作之一。我们将充分发挥科技教育领域的特色,通过举办系列学术会议等形式的交流活动,扩大哈工大社会影响,增进校友间的学术交流。同时,将积极配合天津校友会做好校旗传递等活动。(2)经过第一届科教分会的努力,我们在津高校间已进行了比较充分的沟通和交流。新一届科教分会将积极探索与企业间,特别是校友企业间的交流与合作。通过技术交流、技术咨询、技术转化等形式,支持校友企业发展。同时,配合天津校友会做好校友智库建设。(3)活动基地建设。由于没有依托单位,因此目前科教分会多为小规模小范围活动。此次新一届科教分会将河北工业大学作为依托单位,我们将尽最大努力做好服务工作，为校友活动提供便利与支持，进一步促进科教分会活动基地建设。

各位校友，我代表新一届科教分会，再次感谢第一届科教分会的工作，我将和各位委员一起，学习上届理事会的工作经验，在哈工大天津校友总会和广大校友会的支持下，把新一届科技教育分会办好。祝愿哈工大在新的百年跻身世界一流大学，为社会培养更多杰出人才。

祝大家生活愉快、身体健康、工作顺利、万事如意！

李铁军

2019年5月25日

李铁军 简介

李铁军，1967年生，1994—1997年在哈尔滨工业大学机器人研究所攻读博士学位。现任河北工业大学党委常委、副校长，教授、博士生导师。长期从事机器人技术及应用技术的教学与科研工作，河北省有突出贡献专家。兼任中国自动化学会建筑机器人专委会副主任，中国人工智能学会智能制造专委会常委，京津冀智能制造产业技术创新战略联盟副理事长。

冯宏伟 致辞

哈尔滨工业大学天津校友会土木建筑分会成立大会发言

尊敬的各位领导、各位校友：

大家下午好！

今天，是一个让我们在天津的哈工大人又一次兴奋并振奋的日子，因为经过了几年的准备，在哈工大天津校友会领导的积极策划和驱动下，在众多校友的积极组织和努力下，在广大校友的积极参与和支持下，我们工作、生活在津沽大地、海河之滨的哈工大土木建筑行业的校友们，终于迎来了这欢聚一堂、共庆新纪元的时刻，下面，我代表哈尔滨工业大学天津校友会暨土木建筑分会第一届理事会，郑重宣告：哈尔滨工业大学天津校友会土木建筑分会正式成立了！

土木建筑分会的诞生，标志着我们在天津的哈工大人，在精神上，又多了一个家园和牵挂；在生活中，又多了一份情谊和依靠；在工作上，又多了一个后盾和支撑。这个平台的建立，我们首先要感谢天津校友会的领导朱世和、马方廷、郑炜、刘保良等校友的精心策划和选兵点将；感谢筹备组成员马不停蹄、日夜兼程的添砖加瓦；感谢各位理事审时度势、剑指未来的乾坤落定，是你们的辛苦劳动让我们远离母校的天津校友又拥有了归属感，在此我代表天津的校友们向你们表示衷心的感谢！当然，我们也要感谢在我们刚刚诞生的土木建筑分会这个大家庭中，热心于我们服务事业、肩负使命、勇于担当的分会工作人员，谢谢你们无私的奉献与爱心！我们还要感谢支持和帮助我们成长的企事业单位和嘉宾朋友们，我们将尽我们的所能，努力打造双赢的合作机会，谢谢你们的慷慨赞助与捐赠！

我们的土木建筑分会，不同于其他地区的校友会，我们的会员，包含了各历史阶段在哈工大学习和工作过的校友,有二十世纪五六十年代毕业,如今身心健康还能一展哈工大雄风的学长们;有与改革开放的春风同时走进校园的师哥师姐们;有今天从哈工大土木学院、建筑学院学成出炉的精英才子;还有原哈建工、哈建大以及继续教育学院锻造出的而今几乎领跑在设计、施工、科研、教学、咨询、开发、市政、公务及公共事业等专业前沿的名家大腕;在咱们的分会里,你可能遇到当年和你一起曾在图书馆、大教室、食堂、体育馆经常碰头却又叫不出名字的其他专业班级的校友,而今天你们却可能在分会的活动中,推杯换盏、互通有无,一起追忆着那渐渐远去的无悔青春。而天津校友会旗下的各行业分会的联动交流,也将是可遇不可求的跨专业幅度最大的共享平台,这是其他地区校友会至今还没见到过的如此之大的阵仗。

土木建筑分会的工作,将以天津校友会为依托,从规划建筑、工程技术、环境环保、材料制品、开发管理、公共事业、装饰装修等专业方向,全面梳理校友资源,利用现有的网络媒体渠道,搭建资源平台,通过开展各类的交流、联谊活动,弘扬哈工大精神与文化传统,增强天津校友之间的联系,协助校友与母校开展教学、科研、学术等方面的交流与合作,为母校与天津市之间的技术经济合作搭桥铺路,分享母校产学研成果,为校友们提供市场上涉及建筑行业领域经济技术活动的专家顾问服务,做校友们职业生涯中的一个辅助支撑。

2019年,是土木建筑分会扬帆启航的第一年,我们将致力于哈工大校友资源的开发和利用,做到线上天天有交流,线下每季有活动,通过线上平台的建立和完善,实现母校、天津校友会及校友会员的信息共享,引导校友们利用线上渠道,通告行业信息,交流同窗情谊,打造愉悦的线上生活。在线下,我们将秉持社团服务的理念,为校友的工作与生活提供力所能及的支持与帮助;分会将重点探索专家顾问委员会的服务模式,参与利用校友会开发的"共享科技智库"项目的整体优势,不仅要为校友在工作中遇到的问题排忧解难,还要努力打造面向市场、走向市场的运营机制,在摸索中，逐渐形成我们的造血功能。我们要通过每个季度线下的聚会活动，让校友们获得更有价值的信息或渠道，鼓励以副会长为单元的专业内的小型经济技术交流活动，提倡AA制的消费方式，欢迎并积极引进能发现分会资源价值的企事业单位的合作，让土木建筑分会尽快成长、发展、壮大！

今天，我站在这里，感慨万分，工作36年了，从1982年毕业落户到天津，无论是风餐露宿的引滦入津工程，还是战火纷飞的伊拉克新辛迪亚水利枢纽工程，无论是波澜壮阔的海南房地产市场的大起大落，还是那房价日变的首都大开发的突飞猛进，在我工作中经历的这些大节点上，每时每刻，哈工大，这个标签，让我在亮相时得到尊重，在交往中得到青睐；这个光环，让我在工作中的光芒更加灿烂，在生活中的情调更加多彩。我感激母校，校友理事们推举我担任第一届土木建筑分会会长，这不仅是对我的期望和信任，更是我报答母校、致敬校友的珍贵机会，我会全力以赴，与第一届理事会的各位理事，尽职尽责，不负重托，不辱使命，在有限的时间里，与校友们一道，共同托起母校的光环，共同打造哈工大人在天津的辉煌时刻。

各位校友，因为母校，我们拥有了一段共同的履历；因为母校，我们拥有了"规格严格，功夫到家"的灵魂。哈工大，是我们生命中不可或缺的血液。今天，就让我们带着这份无法格式化的标签，在我们的栖息地、在我们事业的征途中、在天津校友会土木建筑分会的旗帜下，开启我们生活的新篇章！

祝土木建筑分会一帆风顺！

祝天津校友会大展宏图，事业腾飞！

祝母校高歌猛进，比肩全球！

祝全体校友及家人们身心健康！万事如意！新年快乐！

谢谢大家！

冯宏伟

2018年12月16日

冯宏伟 简介

冯宏伟，汉族，中共党员，高级工程师。1961年6月23日出生于黑龙江省伊春市，1978年10月考入现哈尔滨工业大学土木工程学院就读，1982年8月，毕业分配至中国建筑第六工程局，历任施工队施工员、队长、分公司副经理、构件厂厂长、局经营处副处长、海南公司副总经理等职，后转入房地产行业，分别在中房集团北京富通基业有限责任公司、中信地产天津公司、天津贻成实业集团等大型房地产企业任总工程师、副总经理等，现就职于天津市滨海城投建业投资开发有限公司，任常务副总经理。曾荣获天津市人民政府颁发的引滦入津工程三等功臣奖章、天津市青年科技新星、中国建筑总公司科技进步奖二等奖等奖项。2018年，被推举担任哈尔滨工业大学天津校友会副会长、土木建筑分会会长。

刘芳 致辞

继续教育分会成立大会的致辞

尊敬的各位领导、各位校友：

大家下午好！

今天，应该说又是一个让我们在天津的哈工大人激动、兴奋的日子！经过近两个月的筹备，在哈工大天津校友会领导的积极策划和指导下，在天津学习中心老师们和校友们的积极参与、积极组织、共同努力下，哈工大天津校友会继续教育分会的校友们，终于迎来了这欢聚一堂、共襄盛举的时刻。下面，我代表哈尔滨工业大学天津校友会继续教育分会第一届理事会，郑重宣告：哈尔滨工业大学天津校友会继续教育分会正式成立了！

国运升腾迎盛世，海河之滨喜事多！继续教育分会的成立，是我们哈工大人的大喜事，让我们工作、生活在海河之滨的哈工大人，又多了一份情和爱，又多了一个坚强的后盾，又多了一个温暖的家！

分会的成立，我们首先要感谢天津校友会领导，朱世和、冯雪飞、郑炜、刘保良等校友的精心策划和选兵点将；感谢筹备组成员马不停蹄、日夜兼程的添砖加瓦；感谢各位理事审时度势、充满信心的乾坤落定：是你们的辛苦努力，让我们拥有了一个共同的家，拥有了归属感。

在此，我代表继续教育分会的校友们向你们表示衷心的感谢！当然还要感谢在我们刚刚诞生的继续教育分会这个大家庭中，热心于我们服务事业、肩负使命、勇于担当的分会工作人员，谢谢你们的无私奉献和爱心！我们还要感谢支持、帮助我们成长的校友单位和嘉宾朋友们，我们将尽我们的所能，努力打造双赢的合作机会，谢谢你们的慷慨赞助与捐赠！

继续教育分会，不同于其他专业类、地区类的校友会，我们的校友，包含了在哈工大天津继续教育中心学习过的各专业、各行业的校友，平台更宽，资源更丰富！继续教育分会的成立，充分依托了哈工大天津继续教育中心。中心从2000年成立至今经历了18年的历程，为3 000余人提供了继续教育的机会，连续多年被哈工大评为优秀中心和示范中心获得特殊贡献奖等称号，2012年在教育部全国高校评选中获优秀中心称号；学员被总校评为优秀学员，这一切都使他们在工作和生活中得到尊重，能力得到提升。

继续教育学院锻炼出的众多优秀校友，而今几乎领跑在各个行业和专业领域的前沿，为天津的经济社会发展做出了重大的贡献！继续教育分会的成立，符合校友的诉求与愿望，为天津校友会注入了新的活力！

哈工大校友会是哈工大学子的家，是桥梁和纽带，是校友交流信息、联络感情、共谋发展的平台，是校友不断前进的加油站，它将为校友的生活雪中送炭，为校友的事业锦上添花。

继续教育分会会长，既凝聚着哈工大校友的信任与厚望，又肩负着"规格严格，功夫到家"精神的继承与弘扬，更肩负着"服务天津，增光哈工大"任务的贯彻与落实。我深感当选会长是一份责任，我一定认真去做，不干则已，干就干好。行则将至，做则必成。

天津校友会继续教育分会的校友们在各自的岗位上，都会充分发挥自己的聪明才智，为天津的经济建设服务。

刘芳

2019年1月6日

刘芳 简介

刘芳，女。1959年11月生于天津。2000年任哈工大天津教学中心主任。中心开设哈工大远程教育专、本、硕学历班，为天津市培养各类专用人才5 000余人。刘芳多次荣获哈工大系统和天津市教委的表彰，在2019年当选哈工大天津校友会副会长及继续教育分会会长。刘芳历任天津滨海国际经贸进修学院院长、民革天津滨海新区副主委、政协河西区特邀委员等职务。

王国恩 钤群

在哈尔滨工业大学天津校友会青年分会成立大会上的发言

尊敬的各位领导、各位校友：

大家下午好！

首先，我代表哈尔滨工业大学天津校友会青年分会向出席此次成立大会暨2014年迎新会的各位新老校友表示热烈的欢迎和衷心的感谢。

今天，对于青年分会是一个具有里程碑意义的重要日子，刚才郑炜秘书长宣读了校友会对青年分会的批复，宣读了第一届青年分会会长、副会长、秘书长以及理事名单，宣告了青年分会的正式成立。首先，我代表所有第一届青年分会理事会成员，感谢校友会理事会和全体校友对我们的信任，感谢大家对我本人的信任！在此，我代表青年分会理事会和全体会员向校友会理事会、顾问团和各位关心爱护青年分会的老校友致以最诚挚的感谢！

郑炜秘书长在刚才对青年分会寄予了殷切的厚望，决定由我担任首届青年分会会长，我深感责任重大。我将不负重托，时刻牢记我们哈工大"规格严格、功夫到家"的校训，为青年分会和校友会的发展做出自己应有的贡献！

此时此刻，我想和大家一起分享、回顾青年分会的发展历程。

2004年，99级在津校友，组织校友活动。

2005年，开通qq群，人员由个位数发展到两位数，到2008年前后，发展到近100人。

当时，校友会的发起人和组织者，包括徐来师兄、何伟师兄都已离津，石兰师姐也即将迁居北京，目前还在津的只有高颀钰、孙宝君理事和我，后来，海丰理事也加入进来，积极参与校友会活动，在当时这些校友的热心付出和精心组织下，青年校友会在天津地区初步打响名号，影响力日渐显现。

2011年，随着武洋秘书长、阎旭副会长，兆瑞、许达、许兵、孙昊、马晶、璟瑜理事加入校友会，青年校友会再一次焕发活力，进群校友在2011年到2014年，由100人左右增加至现在的600多人。

2013年，是青年校友会发展的一个重要转折点，在瑞峰理事的牵线帮助下，我们和当时由马方廷马老牵头筹备的天津校友会取得了联系。天津不能有两个或多个哈工大校友会，要集中力量，共同为母校、为天津、为校友服好务，这是在马老提议下，我们达成的共识。在天津校友会的积极接纳和热心帮助下，青年校友会整建制纳入天津校友会。2013年11月，经天津市教委、民政局批复，天津校友会正式成立，一会儿，我们的世和会长将具体介绍。

2014年，经过筹备、名称及理事会构成酝酿、报请校友会审议等等多个环节，今天，我们青年分会正式成立了，是我们天津校友会的第一个分会。

在此，我谨代表青年分会理事会和全体会员，向所有为青年分会发展无私奉献自己的热心和付出过辛勤汗水的各个时期的牵头人、组织者、参与者致以崇高的敬意；向在青年分会筹备和成立过程中，给予我们悉心指导和大力支持的校友会理事会、顾问团的各位老校友致以衷心的感谢；向所有关心青年分会发展的校友和全体会员表示衷心的感谢！

青年分会的成立，为我们架起了校友与天津校友会、与母校沟通的桥梁，也搭建了校友之间交流信息、资源共享、联络感情的平台。

再谈谈今年和明年，青年分会的几项工作规划：

一是不断提升哈工大影响力。广泛吸纳校友，建立联络员机制，搭建校友联络网。继续健全和完善青年分会的组织机构，充分发挥青年分会的优势，最大程度地团结和凝聚分布在天津各地、各届的校友。在尚未有校友会理事的、校友人数多、有条件的单位，设立专门联络员，并组织开展好校友工作。

二是建立青年校友信息库，不断完善校友信息库建设。

三是打造高效的宣传渠道。重点建设微信平台,为校友提供服务。

最后,再次代表哈尔滨工业大学天津校友会青年分会向出席此次成立大会暨2014年迎新会的各位新老校友表示热烈的欢迎和衷心的感谢,也祝福我们的青年分会越办越好!

谢谢!

王国恩

青年分会会长

2014年10月18日

王国恩 简介

王国恩,男,汉族,1982年4月生,天津人,中共党员,2000年9月考入哈尔滨工业大学能源学院热能动力工程专业。2004年毕业回津后,一直从事校友会工作,曾任哈尔滨工业大学天津校友会第一届理事会常务理事、副会长、青年分会会长,现任哈尔滨工业大学天津校友会青年分会名誉会长。现就职于天津国际贸易与航运服务中心任副部长,天津市五一劳动奖章获得者。